一生折れない自信のつくり方

青木仁

ACHIEVEME NG

本書は２００９年11月に小社より刊行された
単行本を加筆・再編集したものです。

推薦のことば

人生の幸せや成功は夢や希望をもつことからはじまります。

考え方が変われば人生が変わります。

ほんのちょっとしたキッカケ、少しでもいいやる気がおきれば……。

この本を読めば、「そうなんだ、やれば出来るんだ」という力が出てくる、魔法のような言葉の数々がキラキラと輝いて、心を一杯にしてくれます。

青木さんご自身の体験から生まれた「やる気のバイブル」。

読者を可能性の信者へと変える伝道師です。


——三浦雄一郎（冒険家　エベレスト登頂最年長記録保持者）

文庫版まえがき

人生をなんとか挽回したい、再起を果たしたい。

そう思っている人たちのために、『一生折れない自信のつくり方』を出版してから8年が過ぎました。

そのあいだに東京オリンピック開催が決まり、未来が明るくなりそうな要素がある一方で、「わたしは将来に見通しをもっています！」「自信があります！」と胸を張って言える人は、いったいどのくらいいるでしょうか？

なぜ自信がつかないのか?


ニュースを見れば、ネガティブな情報が多く流れます。

周りからは批判や不満の声を聞くことのほうが多いでしょう。

あなたも無意識のうちにマイナスの言葉を発していませんか?


私たちは、自分で思う以上に周りから影響を受けていると知るべきなのかもしれません。

あなたが目にするもの、耳にするもの、口に出すこと、考えること。

それらはすべてあなたの解釈をつくります。


ただ、世の中がどうであれ、周りの環境がどうであれ、自信をもって人生を歩むことは誰にでもできます。

本書の初版本が出た当時、わたしが主催する講座は連続482回の開催でした。8年経って630回になり、受講生は20685名から3100名を超えています。

これは実の世界です。自信とは主張ではなく、積み上げていくものなのです。主張は虚の世界、自信は実際に実行したことの連続で育まれます。自信とは自分を信じる心です。自分で育てるしかありません。人から与えられた自信は本物とは言えません。

あなたは何を大切に生きていますか？

わたしの目的は次のとおりです。

・選択理論心理学を世の中に広めて、不満足な人間関係から生まれ

る不幸をなくしたい
・目標達成型の人材を育成して世の中の問題解決の力になりたい

この気持ちをもって、今日まで人材育成の仕事を続けてきました。

そして、これからも変わらないという確信があります。

ですから、この2つの目的を遂げるために、生涯挑戦し続けます。

なぜなら、わたしは人材育成のトレーナーだからです。自らの能力を開発し、人に伝えることを生業としています。人生そのものが挑戦であり、能力開発なのです。


あなたの目的はなんですか？

人生の目的とは、「自分の才能は何か？」「どう生きるのが正解か？」といった内向きの思考ではなく、何をしたら社会はよくなるか、誰の力になりたいのかという、外向きの思考から生まれます。人は自分以外のものを守ろう、助けようとした瞬間に強くなれます。

その目的を遂げるために、自分なりにできることに最善を尽くすことが、自信をつける秘訣です。

あなたがほんとうに大切にしたいものはなんですか？

それを貫きましょう。やがてひたむきな自分が好きになります。自分の生き方が愛おしくなります。自分の価値をもっともっと高めて、より多くの人の力になろう、この社会をよくしようと自信がもてます。

そうした生き方は誰にでもできるものです。

自分の人生の舵は自分で取ることができる。
この本でいちばん伝えたいことです。

ただし、目的地がわかっていなければ、どれだけ努力しても自信は育まれません。

南に行きたかったら南へ、北へ向かいたかったら北へ進まなければいけません。いまの自分は何をすれば自信がつくのか、現在地を知るために本書をお読みください。

自分の価値を１００倍にするような生き方を選んでほしいと思っています。人間には大きな可能性があります。

さぁ、今日から自分を信じる生き方を選びましょう。

はじめに――あなたは、あなたの思いどおりの人になれる

17才で社会に出たときはまったく自信がなかった

北海道の高校を中退し、17歳で溶接工見習いとして社会に出たとき、わたしは自分に対してまったく自信がありませんでした。

それどころか、どん底もどん底、まるで海の底を漂う深海魚。自信どころか、生きるだけで精一杯の毎日でした。将来、人材教育コンサルティング会社を経営し、人材育成のトレーナーになるなど、誰が想

像できたでしょう。

わたしは今年で60歳を迎えます。このうち、20年間はわたしにとっての〝苦〟の時代です。

何かをつかもうと、もがいてもがいて、あがいてあがいて、あがきまくった半生。

当時は大変苦しい思いをしました。

でも今は、そのときの苦労に感謝しています。

どん底を経験したからこそ、ここまで這《は》い上がり、自分が理想とする生き方に近づくことができたからです。


本書のテーマは、「一生折れない自信のつくり方」です。

まったく自信のなかったわたしが、どのようにして「わたしはできる。「絶対にできる」という思いを強く抱けるようになったのかを具体的に紹介していきます。

本書に書かれたことを実行していくことによって、あなたも大きな自信をもてるようになるはずです。

できるという自信をもつことから人生の変革がはじまる

自信をもつためにまず必要なこと、それは思い込みを変えることです。どんなに小さなものでもかまいません。自分の中に「できる」という思いをもつのです。

自信に満ちた自分の姿をイメージしてみてください。


そこが自信形成のスタート地点。

人は誰でもよくなれます。

人生はどこからでもやり直せます。

いまのあなたがもつ〝マイナス〟の思い込みを〝プラス〟に変えることができれば、あなたの人生は必ず好転します。自信をもった毎日が送れるようになるでしょう。

わたしも自分の思い込みを変えることで、その後の人生が開けました。自信ゼロの状態からスタートし、やがて期待する成果が出はじめました。自信があれば、積極的に物事に取り組むことができます。すると結果はあとからついてきます。

自信とは、その人自身の思い込み。「できる」という考え方です。

だから、あなたが「できる」と思えば、自信があります。

ただし、思い込みだけでは、「一生折れない自信」にはなりません。わたしもかつて、自分の力を過信し、事業に失敗したことがありました。思い込みのままでは、大きな壁や困難にぶつかったときに折れてしまいます。


一生折れない、揺るぎない自信をもつためには、たくさんの成功体験や突破体験を積むしかありません。

そこで本書では、小さな達成をコツコツと積み上げて、大きな自信を手に入れるためのさまざまな秘訣を紹介していきます。

肩肘を張らず、できることからはじめよう

小さな達成を積み上げるコツは、いまの自分にできることから取り組むことです。

最初から高い目標を掲げてはいけません。高すぎる理想は、自信形成において逆効果になります。理想と現実のギャップに苦しみ、結果的に自信を喪失しかねないからです。

自信の大きさは、思考（思っていること）が現実化した回数に比例します。つまり、頭で描いている目標を達成した回数が、そのままあなたの自信につながります。

だから、現実の延長線上に理想を置いて、達成するたびに少しずつ理想のレベルを引き上げていきましょう。これが挫折せずに自信をつける秘訣です。

何事も自然体がいちばん。決して無理をしない。肩肘を張らない。自分のレベルに合った目標を、自分のペースで確実に達成していくのです。

「できる」という考え方、あるいは感覚を身につけることが自信につながります。当たり前のことですが、「できる」と思うためには、「できた」という体験が欠かせません。

自転車にしても、鉄棒の逆上がりにしても同じです。できなかったことが、できるようになる。その回数を積み上げることで、自然と身体に染み付いていきます。

トレーニングによって自信はつくることができます。

8割の人が変われない理由

ここまでお読みになられて、自信をつけるトレーニングに取り組んでみようとモチベーションが多少なりとも高まった方もいるでしょう。

しかし、ほんとうに変われるのは、2割程度ではないでしょうか。

現実はシビアなもので、いままで34万人以上の研修トレーニングをしてきましたが、「自分を変えたい。変わりたい」と思いながら、実際に変わるのは全体の約2割だと感じています。変わる人は変わるが、変わらない人はずっとそのまま。多くの人がパターン化した生活リズムから抜け出せないのです。

なぜなら、いまの状況から変わろうとすると、なんらかの苦痛が伴うからです。一度、いまの自分を否定しなければなりません。だから8割の人が居心地のいい「今」に安住してしまうのです。

ゴルフ場へ行って、「ファ――――、ファ――――」とOBを連発した人にかぎって、帰りの車中でこう言います。

「いやー、やっぱり練習しないとダメですね」

しかし、次の日にはすっかり忘れ、もう一度行ったときにも同じような言葉を口にします。

「やっぱり練習ですよね」

じつは、多くの人がこの繰り返しで人生を終えます。

ゴルフにかぎらず、仕事、趣味、日常生活など、人生のあらゆることについて同じことが言えるのです。

趣味や遊びであれば、それでもよいでしょう。しかし、仕事は別。

よい結果が出せるように自分を変えていかねば、収入は増えず、役職も上がりません。

しかし、多くの人がなかなかできない。だから、現状に折り合いをつけながら、一方であきらめきれない気持ちやわだかまりを感じる。「変わりたいけど、変われない」という苦しみに生きている人が8割もいます。

ほんとうに変わりたいと思えば人は変われる

変わりたいと思いながら変われない人のなかには、自分が何をするべきかを自覚している人もたくさんいます。

やるべきことはわかっている。わかっているのに1歩が踏み出せない……。

あなたにもこのようなおぼえはありませんか？　過去、わたしにもありました。

先のゴルフの例であれば、口では「練習が必要だ」と言いながら、心の中では「練習は大変だ。同じ時間とお金をかけるなら、もっと有意義な使い道があるはず」と考えているということでしょう。

変われない人は、変わるプロセスで味わう苦痛よりも、変わらないことで得られている何かを選んでいる。だから、変われません。

タバコをやめられないのも同じ理由です。

「ほんとうにゴルフがうまくなりたい」

「ほんとうにタバコをやめたい」

「ほんとうに自信をつけたい」

心の底からの強い思いがあれば、人は必ず変わることができます。

人は、自分の思いどおりの人間になれるのです。

自分らしく生きよう。あなたをよくできるのはあなただけ

「自分らしく、納得のいく生き方をしたい」

「物質的にも精神的にも豊かな人生を送りたい」

誰しもこのような願望をもっているでしょう。

こうした思いを実現するためには、あなたが自分自身の力で変わる必要があります。

誰も助けてくれません。

あなたの人生をよくできるのは、あなたしかいません。
誰のためでもない、あなた自身の人生です。
自分の足で立ち上がり、歩かねばなりません。
そして、今、この瞬間こそが、歩みはじめるときです。

あなたは、あなたの思いどおりの人になれます。
自分の理想とする人生を送ることができます。
人が決めた現実に生きるのではなく、現実をつくり出せる人間をめざしましょう。

本書がそのきっかけになってくれることを心から願っています。

目次

I 人生を変える力はあなたの中にある

YOU HAVE AN ABILITY TO CHANGE YOUR LIFE

II 今から新しい自分をつくる

IT'S TIME TO RE-ESTABLISH YOURSELF

Ⅲ 現状から抜け出す行動力を発揮する

TAKE ACTION TO GET OUT OF THE SITUATION

IV 日常生活で自信をメンテナンスする

THE WAY TO MAINTAIN SELF-CONFIDENCE IN YOUR LIFE

人は誰でもよくなれる

EPILOGUE
EVERYONE CAN BE "BETTER"

［文庫版新章］

人生の舵を取るのはあなた自身

NEW EPISODE
YOU TAKE THE HELM OF YOUR LIFE

I

YOU HAVE AN ABILITY
TO CHANGE YOUR LIFE

人生を変える力は
あなたの中にある

思い込みを変えれば、人生は必ずよくなる

自信がある。

自信がない。

私たちは普段の生活で、この言葉をよく口にしたり、耳にしたりします。

では、そもそも「自信」とはなんなのでしょうか。

手元の辞書では、「自分の価値や能力を信ずること。自己を信頼する力」とあります。前述のとおり、わたしはこれをもう1歩突き詰めて、次のように定義しています。

自信とは、その人の、その人自身に対する肯定的な「解釈」や「思い込み」である。

ここで重要なのは、自信の有無を決めているのは、ほかの誰でもない、本人だということです。

もしあなたが「自信がある」と思えば自信は存在し、「ない」と思えばなくなります。

たとえば、ここに水を入れたコップがあります。

研修で、受講生に「これはなんですか?」と質問をすると、誰もが「コップです」と答えます。

では、水の代わりにボールペンを差してみたらどうでしょう。

「ほんとうにこれはコップですか?」

「本来コップとは、何をするものですか？」

このように質問すると、皆さん戸惑われます。

目の前にある器を「コップ」と定義すれば、水を飲むための道具となりますが、ペンを入れるとペン立てになります。そこでわたしはもう一度質問をします。

「この器がコップだというのは事実ですか？　解釈ですか？」

そこで器の使用目的が、使う人の解釈によって限定されることに気づくのです。

これと同じことが、「自信」にも言えます。

「自分」という人間をどのように捉えるか、どのように解釈するかによって、自分の価値や評価、役割は違って見えてくるのです。

「自信がある、ない」もそのひとつ。

だからわたしは、「自信がもてない」と悩む人にはこう言いたい。

自信がある。自信がない。そのどちらも正しい。

なぜなら、自信とはその人自身の思い込みや解釈だから。

自信があると思えば積極的に行動ができ、ないと思うと行動の抑止が起こる。

もし、「自分に自信がもてない」と悩んでいるのであれば、まずその思い込みを変えるところから取り組んでいきましょう。

マイナスの思い込みに囚《とら》われてしまっている人は、マイナスの思考をもっています。それが人生を左右します。

人間は思考の生き物。人生は、その人の思考以上でも以下でもありません。

少々哲学的ですが、「あなたはあなたの思考そのもの」なのです。

自信の欠如、何かに対する恐れ、否定的な解釈——これらのもとは、すべて「あなた自身の思考」です。

マイナスの解釈や思考に囚われていると、行動の抑止が起こり、新しい物事にチャレンジできなくなります。

たとえば、卓球に自信満々で、テニスにはまったく自信をもてない人がいる。その人はテニスで勝負しようとは思わないでしょう。

なぜなら、テニスの成功体験がないからです。

しかし、「自分はできる」と思えれば、テニスにチャレンジすることができます。

「できる」「できない」は人が決めるのではなく、自分が決めるものです。

つまり、あなたが「自信をつけたい」と願うのならば、まず日々の出来事にどういう解釈をしているのかを冷静に考えてみましょう。

自分の思い込みを客観的に見つめてみるのです。

そしてつねによい解釈に努めることで、前向きに物事に取り組めるようになります。するとあなたの人生は、いまよりもっとすばらしいものになっていくでしょう。

あなた自身の思い込みを決めているもの

プラスの思い込みは、簡単にはもてません。なぜなら、あなたの思い込みは、あなた自身の「自己イメージ」によって決められているからです。

自己イメージとは、自分で自分をどのように見ているのかという「自分像」のこと。自信の有無（思い込み）に大きな影響を与えています。

高い自己イメージをもった人は、自分のことが大好きでいつも自信にあふれ、何事も積極的に取り組み、次々と成果を出していきます。

一方、自己イメージの低い人は、自分を好きになれず、何に対しても消極的です。はじめる前から、「うまくいきそうにないのでやめておこう」「どうせ、わたしなんか……」とすぐにあきらめてしまう傾向があります。

自己イメージの本質にあるのは、これまで自分の力で物事を成し遂げてきた体験の数です。高い自己イメージをもつ人ほど、子どものころから数多くの成功体験や突破体験をしています。こう考えると幼いときからレースははじまっていると言えるでしょう。

逆に自信がない人は、成功・突破をあまり経験しておらず、あっても圧倒的に量が少ないようです。

これには両親が大きく関係しています。親が子どもを甘やかしすぎて、満足な突破体験をさせず、結局、自信が形成されない。こうしたケースも多くあります。


自信のもととなる「自己イメージ」を高めるためには、成功・突破体験の量と質を増やしていく以外に方法はありません。

小さな成功体験をコツコツと積み上げて、自分の力で一生折れない「大きな自信」に育て上げていくのです。

高い自己イメージや自信は、本人の力で困難を乗り越え、何かを成し遂げたときにはじめてつくられるものです。

本人の努力なくして、自信の形成や自己イメージの向上はありえません。

そして、自信のないところに成功はありません。

成功体験、突破体験こそが成功の源泉です。

自己イメージを高めて、自信をもつために、より多くの成功・突破体験を経験しましょう。

それができるのは本人だけ。誰もあなたの代わりにはなれません。あなたの自信を高め、成功に導けるのは、あなたしかいないのです。

「できる」自分のつくり方

はじめから自信のある人なんていません。もしいたとすれば、単なる虚勢でしょう。

わたしもブリタニカに入って教材のセールスをはじめたときは、売れる自信がまったくありませんでした。

しかし、1冊の本に出会い、考え方が大きく変わりました。ナポレオン・ヒルの『成功哲学』です。

そこには、こう書かれていました。

「成功する前に成功したかのように取り組みなさい」

わたしはすぐに実践しました。

まず毎朝、鏡に向かって、

「おまえは、セールスの天才だ！」

「おまえは、セールスの天才だ！」

「おまえは、セールスの天才だ！」

と自分自身に暗示をかけました。

それと同時に、つねに「トップセールスマンだったらどのように振る舞うか」を念頭においてセールス活動に励みました。

気づけば入社から1年でセールスの成績はほんとうにトップになっていました。

セールスマネジャーになったあとも、メンバーに対して「できる」という暗示をかけ続けました。そうしてトップマネジャーになれたのです。

これも毎朝鏡に向かっておこなった「暗示」の効果でしょう。

わたしはトップセールスマンになる前からトップセールスマンになっていたのです。暗示の力を使って「もっとできる」と思える自己イメージ、つまり「トップセールスマンである自分」を創り出し、セールス活動に積極的に取り組みました。そして最終的には、理想と現実を合致させることができました。

これこそ、最高の成功体験です。

人は、経験したことのない大きな壁や困難にぶつかると、不安になります。

「自分はほんとうにこの状況を乗り越えられるのだろうか」と自信を失いかけます。そんなときこそ、暗示の力が有効です。

「必ずできる。絶対にうまくいく」と自分に思い込ませることで、不思議と力がわいてきます。だんだんと「できる」と思える自分に生まれ変わっていく感じがしてくるのです。

自信を形成する過程において、この「できる」という感覚はとても重要です。

何もないところからスタートするので、心の中は不安でいっぱい。ちょっとしたことでくじけそうになるかもしれません。

そんなときは、「わたしはできる。絶対にできる。必ずうまくいく」と唱え、いまよりも「もっとできる」自分を脳裏に描く努力をしてみましょう。

この思い込みが大切です。逆説的ですが、「自分はできる。成功するまで絶対にあきらめない」と思い込めれば実際に思いどおりになってしまいます。

できない人は、少しうまくいくと、「出来すぎている。何かよくないことが起こるのではないか」と悪いほうへばかり考えてしまう。「よいことが起こって当たり前」と思えるか「悪いことが起こって当たり前」と思うかで人生はまったく変わります。

自信がある人はどういう状況であろうと、環境を操作してでも自分の行動を止めません。うまくいっている人は、皆こうした思考をもっています。思考が行動をつくり、行動が結果をつくる原理原則と言えるでしょう。

他人から見れば「鼻もちならない」と思われるかもしれませんが、いまのわたしには「逆立ちしてもうまくいく」という自信があります。もし、すべてを失ったとしても、必ず結果を出すまでやり続けられるという思い込みがあるからです。

本書の冒頭でもお話ししましたが、わたしもはじめから大きな自信をもっていたわけではありません。むしろ自信も地位もお金もない、「ないないづくし」の溶接工見習いからのスタートでした。それでも解釈の質や思考を変えることで、自信をもって思い描くとおりの人生が歩めるようになってきたのです。

わたしができたのですから、あなたにもできます。

自信がある人の共通点

わたしは、これまでたくさんの自信あふれる方々にお会いしてきました。彼らに多く見られる共通点を以下に挙げてみます。

あなたはいくつ当てはまりますか？　チェックしてみてください。

□数々の突破体験・成功体験をしてきている
□自分が好き
□高い自己イメージをもっている
□自立している

□責任感が強い。当事者意識が強い
□何事もポジティブに考える。前向きな思考・解釈をする
□よい習慣をもっている
□目的・目標をもち、毎日を一生懸命に生きている
□コントロールできることに焦点を当て物事に取り組んでいる
□「逆境は最大のチャンス」と思える
□よい知識・情報を吸収するように努めている
□人との出会いを求めている
□よい人との出会いや縁を引き寄せる力がある
□自分だけの居場所をもっている。誰にも負けない得意分野がある
□他者への感謝を忘れない

いかがでしたか？

この段階で、チェックした項目が少なくても「自信あふれる人生にはどのような要素が必要か」を知る程度で十分です。

本書をひととおり読み終え、書かれていることを、3日、3週間、3ヵ月と実践するたびに、ふたたびこのページに戻り、各項目をチェックしてみてください。少しずつかもしれませんが、チェックできる項目が増えているでしょう。

各項目については、このあと順番に説明していきます。

あなたは自分のことを信じているか

先に「自信のもとは自己イメージである」と述べました。ここでは、その話をもう少し掘り下げてみたいと思います。

自己イメージとは、自分は自分のことをどう見ているのかという見方や見解です。つまり、その人の自己イメージを見ることで、自分自身を信じている度合いがわかります。

自己イメージの中核にあるのは、自分のことをどれだけ好きかという「自己愛（セルフラブ）」です。これは「自己イメージの高い人ほど自分が好き」という事実を思い出してもらえれば納得がいくと思います。

自己イメージは、たんにその人が思い描く「自分像」としてのみ存在するのではありません。その人の司令塔のような役割があります。

人は自分の自己イメージに合った「生き方」「職業」「パートナー」「報酬」「仲間」などを選ぶ傾向にあります。このため、高い自己イメージをもった人ほどよい方向へ、低い自己イメージをもった人ほど悪い方向へ進んでしまうことが起こりえます。

たとえば「自分はグズだ。のろまだ」と思い込んでいた人が物事をしっかり要領よくこなすと、「グズな自分が几帳面にやるのはおかしい。こんな自分は自分じゃない」と自分自身に違和感をもってしまいます。「自分はグズだ」という自己イメージ（司令塔）が、いつもと違う行動を阻害するからです。するといつのまにかグズでのろまな人生になってしまいます。

では「グズでのろま」な自己イメージを植え付けたのはいったい誰でしょう。

原因のひとつに親の厳しすぎる叱責が考えられます。

「おまえはなんてグズなんだ。決めたこともきちんとやらないで

「……」

「いったい、この子は何度言ったらわかるのかしら。ほんとうにダメね」

こうして親が子どものできない所を指摘して、できるようにしようとすると、それが子どもにとってマイナスの暗示となり、問題行動を引き起こします。その結果、子どもはさらに厳しい叱責を受け、問題行動を起こした自分に自信がもてなくなり、ますます自己イメージを下げるという負のスパイラルに入ってしまうのです。それが続くと、だんだんと自分を愛することができなくなってしまいます。

それでは、私たちの自己イメージは、両親によって決められ、自分たちの力ではどうすることもできないのでしょうか。

そうではありません。

私たちは自己イメージを高めるために、日常生活の中で自分を尊敬し、信頼する生き方を選べます。理想の自分に近づいていると思えれば、自己イメージは高まります。ありのままの自分を受け入れましょう。人生はいつからでもやり直せるのですから。

両親によって育まれる自己愛（セルフラブ）

人間がいちばんはじめに出会う、自分のことを絶対的に信じてくれる存在、それが親です。自己イメージの中心にある「自己愛」は、両親の愛によって育まれます。親に愛されて育った子どもは、健全な自己愛と高い自己イメージをもちます。それほど親の影響は大きいものです。

一方、喧嘩ばかりしている夫婦のもとで育った子どもには、健全な自己愛が宿りにくいようです。

たとえば両親が離婚をして母親が出て行くと子どもは、「自分のせいでお母さんはいなくなった」と思ってしまう。

心理学的に見て、夫婦間で問題が起こると、子どもは「原因は自分にある」と考える傾向があるようです。これでは、自分で自分を愛することはできないでしょう。

金銭的に恵まれているかどうかは関係ありません。貧しくとも夫婦仲がよければ、子どもは愛情豊かに育ちます。だから自己イメージは上がります。

親から子どもへの関わり方も重要です。教育熱心な親ほど子どものことを自分の願望に入れています。だから大切に育てる。当然、その子の自己イメージは高まります。

しかし、教育熱心なあまり「ダメだ。ダメだ」とマイナスの言葉を使って（苦痛を与えて）しまっては、逆に子どもの自己イメージを下げてしまいます。その理由は前述のとおり、「ダメだ。ダメだ」を繰り返すことで、マイナスの暗示がかかってしまうのです。

親の教育水準も関係します。あまりに低いと知性をもつ大切さを教えられない恐れがあるからです。高い自己イメージ、つまり大きな自信を形成するには、よい教育・知識・情報が欠かせません。

わたしの場合は、3歳のときに両親が離婚しました。母は家から出て行き、わたしは父と再婚相手の義理の母と暮らしはじめたものの、義理の母は、わたしと6つ違う腹違いの妹ばかりをかわいがり、わたしは不愉快な比較にさらされました。

小学校の友だちは皆、お弁当をもって来ます。わたしにはありません。校庭の蛇口から水をお腹いっぱい飲んで、空腹を紛らわせていました。いまではその原因が実の父にあったことがわかり、そのことを責めるつもりはまったくありません。しかし、当時のわたしには義理の母の関わりがつらかった。そして、17歳のときに家を飛び出してしまったのです。

こうした家庭環境で育ったわたしには、高い自己イメージはもてませんでした。

しかし、そんなわたしを救ってくれたのは、実の母でした。家出を聞きつけ、半年かけて、八王子市内を探し回り、鉄工所で働くわたしを探し出してくれたのです。このときほど母親の愛情を感じたことはありませんでした。「この世に自分を必要としてくれている人がいる」「自分はいてもいいんだ」とはじめて思うことができたのです。

いまのわたしがあるのは、実の母のおかげです。実母との再会によってわたしの自己愛、自己イメージは一気に高まりました。

すべては「自分が源」と考えれば高い自己イメージがつくられる

自己愛は自分を信じることにつながります。自分の力を信じるということは、他者に依存しない、自立した人生のはじまりを意味します。

生きていくためには、自信は欠かせません。それは「自信」を「自己信頼感」という言葉に置き換えてみるとわかりやすいでしょう。

自分を信じられない人間が、充実した毎日や人生を送ることができるでしょうか。

わたしは難しいと思います。「自信」の反対が「自己不信」であることを考えれば一層はっきりするでしょう。

人は自己信頼感があるからこそ自立した豊かな人生を送れます。「自分を信じられる人間＝自己信頼感の高い人間」は、自分の言動に責任をもち、言い訳をせず、自分の役割を強い責任感で果たそうとします。

だからこそ、周りの人からも自立して見えるし、実際に1人の人間として自分の力で生きていけるのです。

自立には、経済的な自立と精神的な自立の2つの側面があります。経済的な自立がなければ、精神的な自立はありません。逆に、精神的な自立がなければ、経済的な自立もありません。これらは表裏一体の関係にあります。

自己信頼感を高めるには、「すべては自分が源」と考えて、高い自己イメージをつくる努力をすることです。そのために、自分で決めたことを日々完遂しましょう。

「毎日腹筋を50回やる」と決めて、きちんとやり遂げる。ちょっとしたことでも、「自己信頼感＝自己イメージ」を高めることができます。

自信のない人は、依存や甘えの心が強いものです。

依存や甘えは「無責任さ」と親戚関係にあります。その根底にはすべてのものに対する不信や不満があります。さまざまな物事を他人のせいにし、自己を正当化するのです。

しかし、自分の足で立ち、自分の責任を自分の力でまっとうしていく、その姿勢なくして、成長は望めません。もちろんその先には成功もないでしょう。

自信のない人が自立した世界へ入るためには、自己訓練を積むことです。自己訓練とは、自分の選択に責任をもたざるを得ない状況を経験すること。

登山がよい例です。登山では、その1歩1歩が自分の選択・責任になります。どのようなコースを通って頂上をめざすのか。装備はどうするのかという事前準備からはじまり、雨が降ってきたら休むのか、日が沈む前に寝床を確保するのかなど、絶えず変化する環境のなかで最善の選択をして実行する必要があります。

登山では、基本的に他人の力を借りることはできません。自分の足で頂上をめざしていきます。しかもひとつ選択を間違えれば命を失う危険すらあります。

依存や甘えの強い人は、これと同じことを日常生活で実践していかなければなりません。これは簡単なようで実際は難しいものです。

頭ではわかっていても、実行に移し、習慣化できないのが人間です。わたしにも、経済的な自立がまったくできていなかった時代があります。友人へ借りたお金を返すことができなくなり、ホラ吹きと呼ばれました。

それでも、自分の理想を下げずに、あきらめないで必死に頂上をめざして登り続けました。当時書いた「誠実な人間になる。人を裏切らない人間になりたい」というメモはいまでも手元に残っています。

選択肢は2つです。やるか、やらないか。もちろん本書を手にしたあなたは、前者の「やる」を選択しているわけですから、確かな自信をつかみとるまでがんばりましょう。

自分の長所を考え、それを伸ばすために自分ができることに集中すること。それ以外に自分の人生をコントロールする方法はありません。

自信が土台となって自立した人生を送ることができるのです。

物事を長期的に捉える視点をもつ

依存や甘えを断ち切り、真の自立した人生を実現するためには、長期的に物事を捉える視点が大切になります。

ところが、自信をもてない多くの人は、目先のことしか考えていません。

私たちが抱く感情には「苦痛感情」と「快適感情」があり、基本的に人は苦痛感情を避ける方向、避ける方向へと向かいます。その結果、今、やりたいこと、ほしいもの、できること、会いたい人など、目先の願望ばかりを優先しがちです。

これではいつまで経っても自信は形成されません。

先ほども述べたように、自己訓練なくして自己イメージのアップや自信は形成されないからです。一生ものの折れない自信をつくるのなら、長期的視点で積極的に苦痛感情を受け入れ、自分の理想に向かって努力していく覚悟と行動力が必要でしょう。

変わる人は全体の2割、約8割の人は変わらないと述べましたが、多くの人は、易きに流れ、「快適感情」におぼれるあまり、なかなか自信を育てられないでいます。

しかし、人は苦痛を味わうと学習し、学習によって自信は育まれます。苦痛感情を乗り越えた先に真の快適感情があるのです。

「自信がない」という言葉は、一種のコミュニケーションになっているのではないでしょうか。ほとんどの場合が失敗したときに言い訳をするための伏線として使われています。

「自分は自信がないのだから、うまくいかなくても大目に見てほしい」

「わたしはやれと言われたからやったんです。だから、あなたにも半分責任があります」

こうして誰かに責任を転嫁しているだけではないかと思うわけです。これはまさに、自信がない人に共通して見られる「依存」と「甘え」でしょう。


左手に求める「理想」があり、右手に「現実」があるとします。この両者が手のひらをパチンと合わせたようにピッタリと合致する。すると人は、理想が現実になった快適感情を味わいます。このとき、その人の自己信頼感は高まり、自信が形成されます。

ところが、なんの努力をすることもなく、怠惰な生き方を続けていると理想と現実の開きは縮まるどころかどんどん広がり、しだいに自己信頼感も低下しはじめます。目先の快適感情ばかりを追い求めている場合も同様です。

苦痛感情に打ち勝ち、大きな自信を手に入れるためには、人生に目的や理想をもち、めざすこと、つまり長期的な視点をもって生きることが重要です。

「今」だけを見ていたら、快適感情に飲み込まれ、ほんとうに手にしたいものを手に入れることができずに、終わってしまうでしょう。

「ほんとうにしたいこと」に正直に生きる

自信のない人が、長期的な理想や目標を掲げて、今いる場所から1歩踏み出すには勇気が必要です。

もしいまのあなたにそれだけの勇気がないのであれば、まず、自分のしたいことに正直に生きましょう。「自信がある、ない」ではなく、それを超える「願望」や「欲」をもつのです。

自信がなくても、これまで体験したことがないことでも、「ほんとうにしたいこと」に正直になれば、モチベーションが高まり、人は何にでもチャレンジできます。自分の好きなことをするときに、自信があるとかないとか考える人はいないはずです。

自信に代わる原動力は「願望」や「欲」です。いい意味で欲をもてれば、人は変わります。そしてその結果、必ずいい人生が送れるようになります。

はじめて赤ん坊を産んだ母親がいい例です。

母親は赤ん坊が願望に入っているので、どんなに朝早くても、夜遅くても、わが子が泣けば起きて子守りをします。

自信があるから、子どもを産んだわけではありません。

自信があるから、子どもを育てているわけでもありません。

「わが子を立派に育て上げたい」という自分の願望に正直に、経験のないところから精一杯できることに取り組んでいるだけです。

人は「こうありたい」という願望を求めて動きます。そして、その願望がはっきりしている人ほど強い意志をもって迅速・確実に行動します。

ところが、願望や欲をもてない人はその逆です。

「わたしなんか何をやってもダメだ……」と思い込み、なかなか行動に移せません。

願望がないから行動できないのか、行動しないから願望をもてないのか。これは「鶏が先か。卵が先か」の議論と同じで堂々めぐりになるだけです。

わたしは「価値のない人生は存在しない」と思っています。しかし、そのことに気づいていない人が大勢います。だから、自分にとって価値ある「目的」、価値ある「願望」が見つけられないのでしょう。

親にどれだけ愛されていても、その愛に気づかない。

企業に雇用され、大事に扱われていてもそう思えない。それどころか、「自分は会社に邪険にされている」と思い込んでしまっている。いまの世の中は、こうしたネガティブな考え方が大多数になっています。

しかし、あなたの人生には必ず価値があります。そして、あなたにとって価値ある目的や願望は必ず存在します。

今いる場所から1歩踏み出して、「ほんとうにしたいこと」に正直に生きましょう。

好きなことに自信の有無は関係ありません。むしろできないからやってやろうという気になるはずです。

好きなことに没頭することが自信を育むコツです。

他人より自分の評価を大切にする

「ほんとうにしたいことが見つからない」「趣味では好きなことに打ち込めるが、仕事ではそうはいかない」

このように考える人も多いと思います。

自分のしていることがやりたいことでなければ、自信をもって取り組むことは難しいものです。

そのようなときは、他人からの信頼、つまり「他信」を信じてしまいましょう。

自分ができるかどうかではなく、すでに乗り越えている人や自分を信じてくれる人からの信頼を自分の自信に変えてしまうのです。

わたしにもそのような時代がありました。ブリタニカで百科辞典のセールスをはじめて最初の1ヵ月間、1件もオーダーが取れませんでした。そのときに勇気づけてくれたのが、上司のマネジャーです。わたしの上司は当時日本一のセールスマネジャーでした。

わたしはこう言われました。

「青木、おれはおまえが絶対にオーダーを取れると思っている。おれが『おまえは絶対にオーダーを取れる』と思う自信と、おまえが『自分はオーダーが取れない』と思う自信、どっちを信じるのか？　答えてみろ」

このときわたしは、セールスの仕事は自分に向いていないと思い込み、やめようとさえ考えていました。しかし、上司はわたしのことをあきらめませんでした。まったく結果の出ていないわたしを「絶対できる」と信じ続けてくれました。

やれるかやれないかはわかりませんでしたが、上司の「他信」を信頼し、わたしは、「マネジャーの自信を信じます」と答えました。そして、この直後、無事に初オーダーをいただくことができたのです。

このように自信形成の初期段階では、「他信」を「自信」に変えることで新たな道が切り拓かれることもあります。

ただし、他信に頼り、他者評価の中に自分の価値を見出せるのは、ごく最初のうちだけです。

事実、真のプロと呼ばれる人たちは、他者評価ではなく、自己評価で生きています。彼らは、周りの人にいくら認められても、自分で自分のことを認められなければ自信をもちません。逆に他人が認めなくても、自分が正しいと思えることに自信をもっています。

他者評価に一喜一憂している状態では、ほんとうの意味で自信を獲得したとは言えないでしょう。

真の自信は、人から何かを言われて簡単に崩れるようなものではありません。自分がつくった作品に対して、ほかの人から「たいしたことないね」と言われても自分が「すばらしい作品だ」と信じていれば自信はなくならないし、周りからどんなに「すばらしい」と絶賛されても、つくった本人が納得できなければ、自信は培われません。

もちろん、自分が「よくない」と思っていても、周りの人から「すばらしい」と認められて、「そうなんだ」と思える。そして、それが自信につながる。そうした段階もあると思います。

しかし、最終的に大事なのは自分がどう感じるか、どう解釈するか。人が決めた現実ではなく、自分が現実をつくり出すことです。

自分の中に大きな自信をもつことができれば、誰がなんと言おうと、あなたの自信は揺るぎません。そして、自分の望んだ結果を出すために、自分で決めた目標の達成をめざす人生が実現できるでしょう。

自分の理想を追求する

他者評価ではなく、自己評価で生きること。自分で自分のことを認めてあげること。それでも、「どうしても他人の評価が気になる」と悩んでしまうのであれば、理想の自己イメージを追求することです。相手に認められたいと思っていても認めるかどうかを決めるのは相手。自分のコントロール下にはありません。

また、「これほど愛情をもって接しているのに、相手はわかってくれない」というのも同じです。相手を幸せにしようとしても幸せかどうかを決めるのは相手であることに気づきましょう。

相手に認められようとすればするほど、認められなかったとき目的を見失います。そして、なかなか新たな目的を見出すことができず落ち込みます。

人から認められるための自分ではなく、理想の自分像に沿って生き、周りに対して思いやりをもって接していれば他人に囚われることはなくなるでしょう。


たとえば医師が一生懸命に薬を処方し、手術をしても治癒能力は患者の問題です。この線引きをどうするかが難しい。

経営者にとっていちばんつらいのは、社員の退職です。わたしも若いころは、離職者が1人出ただけですごく落ち込みました。仲間を幸せにしたいとがんばっているのに、別れを告げられる。自分を全否定されたような気持ちになります。

ただ、ある経営者の方へ相談したときにこう言われてしまいました。

「青木、驕《おご》っちゃだめだ。おまえのところにいたら幸せだと誰が決めた? おまえみたいなストイックな奴のそばにいたら普通の人間はかなわん。ストイックな奴を選んで採用しないかぎり誰もついていけないよ」

この言葉を聞いて目からウロコが落ちました。自分に合った人間が会社に入ってくる。集まるのは自分の生き方に共鳴した人間です。

わたしは、社員を幸せにしたいと思っています。ただ、それを判断するのは社員です。だからわたしにできることは、人事考査の制度を整えたり、福利厚生の改善を考えたり、いまの仕組みのなかでどう経済的な還元を社員にしていくのかを日々考えることだけなのです。社員に対しても家族に対しても、理想的な人間であろうとすることしかわたしにはできないのです。
うまくいかないことを環境や周りのせいにしていませんか？
不平や不満ばかりを口にしていませんか？

すべての源は自分自身にあります。思い当たるところがあれば、さっそく改める努力をしてみましょう。そして、人から認められることを望む人生よりも自分から人を認める人生を生きてください。
「信じているのに、信じられていない」のではなく、「愛しているのに、愛されない」のでもなく、自分が周りの人を信じる、愛するのです。そして、人から信頼され、愛されるような人間をめざしましょう。

「相手にどう思われるかではなく、自分が役に立つ人間になる」
「相手が信じてくれるからではなく、自分から相手を信じる」

こうした生き方は報われないように思えるかもしれませんし、実践するのは難しいものです。しかし、努力を重ねた結果、成長といういちばん大きな果実を手にするのはあなた自身。

相手ではなく自分の理想とする人間をめざすことが、あなたの自己イメージを高め、自信を形成します。

II

IT'S TIME
TO RE-ESTABLISH YOURSELF

今から新しい自分をつくる

自己イメージは後天的に変えられる

「その人の人生＝先天的特質×環境×本人の選択」

これは、わたしがつくった人生の方程式です。

「先天的特質」とは、その人がもって生まれた気質や性質のことです。ここには両親によって育まれた自己愛や自己イメージも含まれます。

「環境」とは、いまあなたが身を置いている場所から受ける影響や環境要因のことです。家庭や職場がその代表的な例でしょう。

最後の「本人の選択」とは、自分の意思で何かを選び取ることを指します。

言うまでもなく、人生は選択の連続です。瞬間、瞬間の選択があなたの人生をよい方向にも悪い方向にも導きます。

ここでわたしが「人生の方程式」を取り上げたのは、「自分の人生」は自らの力で後天的に変えられるということを知ってもらいたいからです。

第1章で「両親の仲が悪いと健全な自己愛や自己イメージをもちにくい」という話をしました。子どもは親を選べません。ですから、親の影響を受けて、いま「自信がもてない」もしくは「自己イメージが低い」のは仕方のないことです。

しかし、大人になれば自分で環境は変えられますし、自分の意思で物事を選べるようにもなります。

つまり、「人生の方程式」のうち「先天的特質」以外の2つの項目

「環境」と「本人の選択」は自分自身で選ぶことができます。

前述のとおり、わたしが育った環境は決して恵まれたものではありませんでした。幼いころから新聞配達少年でしたし、貧しかったのでパンの耳を買って食べる生活でした。パンの耳ですら10円払わなければ食べられないのです。そんな環境でしたから、豊かになりたいという強い気持ちを抱くようになりました。

そして、それに見合う価値を提供するために自分自身の能力開発を徹底的におこなってきました。

17歳で社会に出てからは、世間知らずで多くの苦労もしましたし、愚かな選択によってたくさんの失敗も重ねました。でも、それこそが自己訓練だと言えます。自信や自己イメージは、自己訓練を積むことによってどんどん高まっていきます。

自己訓練とは、自分の選択に責任をもつ環境下で経験を重ねることです。

自己訓練を通じて味わう「苦痛」は、自信や自己イメージのエネルギーになります。苦痛を自分の力で乗り越えることで、自己信頼感が高まるからです。

ところが、多くの人が苦痛を前にくじけてしまう。

苦しい状況から、ある人は苦痛を乗り越えて自信に満ちた充実した人生を選び、ある人は苦痛に耐えかね妥協した安楽で怠惰な道を選んでしまう。その選択は、あなたの「考え方」にかかっています。

取り組む前から「やっても報われない」というイメージをもっている。「経験がない」と尻込みしている。こうした場合には、苦痛に負けて簡単にあきらめてしまうでしょう。「やれない」のではなく、「やらない」のです。

自分を信じる心は体験でしか養われません。苦痛を乗り越え、自分自身への信頼感を高めることができれば、結果として物心共に豊かな人生を実現できます。

もし、苦痛に負けそうになったときは、次の言葉を自分自身に唱えてください。

「人は生い立ちに関係なく、誰もが可能性をもっている」

「できる！」

「絶対できる！」

言語をプラスに変えることで、思い込みがプラスに変わっていきます。やがて「いまの自分には、価値がある」「豊かな人生を歩むことができる」と思える努力を重ねられます。

気質は変えられなくとも、考え方と行為は変えられる

人生は後天的に変えることができます。自己訓練を重ねることで、その人がもって生まれた気質や特質に関係なく、人は誰でも成功タイプに生まれ変われるのは前述したとおりです。

「自分はおとなしい性格だから」「生まれつき気が弱いから」といったことは関係ありません。「選択」を変えれば、誰もが大きな自信をもって人生を歩めます。

ここでもう一度、人生の方程式を振り返りましょう。

その人の人生＝先天的特質×環境×本人の選択。

このうち「先天的特質」以外は、あなたが自分の意思で自由に選ぶことができます。

環境を変えることが難しい場合には、最後の「本人の選択」を変えれば、あなたは成功タイプに生まれ変わります。

たとえば、「朝早く起きて、まず自分の人生の目的と目標を見る。そして、その日にやるべき事柄のうち、優先順位の高いものから実行していく」。これを毎日実践します。

たったこれだけで、誰もが自信をつけられます。

成功の秘訣はとてもシンプルなものです。自分の実力よりも少しだけ上の目標を設定し、実行する。自分で決めたことを確実に達成していけば自信になります。

重要なのは、あなたの選択を変えることです。気質は変えられなくとも、考え方と行為は変えられる。あなたに自信がなくても、すでに成功している人たちが数多くいます。彼らと同じような考え方で行動すれば、あなたの自己イメージは高まり、それが大きな自信へとつながっていきます。

成功するための第1ステップは、心から「願う」「思う」「求める」こと。そして、失敗を恐れずに、まずは自分の興味があることに集中してみましょう。

わたしは、これまでずっと心から願い、思い、求めるものを実行してきました。セールスで結果が出なかったときも腹を括《くく》って行動をし続けてきました。できるかできないかは、やってみなければわかりません。

大きな壁にぶつかっても、あがいて、あがいて、あがきまくる。すると、いつしか一筋の光が見えてくる。今度は、その一筋の光にすがりつき、しがみついて引き寄せて、もう藁《わら》をもつかむ思いで書物を読み、先輩から話を聞き、「そうか、こういうやり方があるのか」と思ったものをすべて実践してきました。

このような状態に入ると、自信のあるなしは関係ありません。もうやるかやらないかの世界。とにかく自分が生き延びるためにやるしかない。そんな境地です。

「自信がないからやめよう」

こう思ったとき、人は挑戦をやめてしまいます。最後までやり続けられるのは、「できない」ということを自分自身に認めなかった人間だけです。「やめる」なんて考えは一片たりともなく、生き延びることだけしか考えない。結果としてあきらめなかった。そんな人たちだけが、自信や成功をつかむことができるのです。

あなたの人生は、あなた自身の手ですばらしいものにつくり変えることができます。

まずは、興味のあること、少しでもやってみようということに前向きに取り組んでみましょう。そして、それをすでに手にしている人を真似て、実行してみましょう。

「先天的特質」の善し悪しは関係しません。

あなたこそが、自分の人生のオーナーであり、デザイナーなのです。

「本人の選択」を変えれば、きっとあなたの人生はすばらしいものに生まれ変わることでしょう。

自分に正しい評価をする。他人と比べない

「本人の選択」は、自分に正しい評価をすることから前向きに変わりはじめます。

世の中とはおもしろいものです。「この人はもっと自信をもったほうがいい。自信さえもてれば必ず成功する」と思える人がいる反面、「その自信はどこからわいてくるんだ」とあきれてしまうほど、根拠のない自信を強くもっている人がいる。

自信をもつためには、自分を認めてあげることが必要です。自信をもてない人には、正しく自分を評価できていない人がたくさん見られ

ます。

自分を正当に評価するためには、まず人と比べないことです。

もちろん、健全に比べるのであればかまいません。問題は、自分より「できる人」と比較して、自分を卑下してしまうことです。

人と自分を比べて落ち込み、今の自分に合わない高すぎる願望や目標をもつことは、自信を形成するのにマイナス要素にしかなりません。

同じように過去の自分と今の自分を比べることもやめましょう。

「学生時代は、つねにトップクラスの成績をおさめていた」

「前の会社では、いつもトップセールスマンだった」

「以前の自分にできていたことが、いまの自分にはできない」

こうした過去の実績と比べて、「いまの自分はなんてなさけないんだ」と自分を責める。これも本質的には他人と比べて卑下することと同じことです。

過去とはすべて記憶です。いい体験にしろ、悪い体験にしろ、そのときの環境によって生み出されている部分が必ずあります。ですから「過去と比べてどうか」ということに意味はありません。大事なことは、昔の自分ではなく今の自分にフォーカスすること。そして、確実に小さな成功を積み上げていくことです。

「勝つことよりも、強くなることをめざしなさい」

わたしは自分の息子にそう言い聞かせています。

自信をつけたければ、「勝つ」ことよりも「強くなる」ことを考えましょう。

イソップの童話に有名な「ウサギとカメ」の話があります。ウサギはなぜカメに負けてしまったのでしょうか?

わたしは次のように考えます。

ウサギは、カメと自分を比べて自分の能力に慢心してしまった。ところが、カメは自分のゴールだけをずっと見続けた。カメはウサギに勝つことよりも、自分の目標をどうしたら遂げられるのかということだけを考え続けた。だから、カメは勝つことができた。

もし、周りの優秀な人を見て落ち込みそうになったときは、ウサギではなくカメの生き方を思い出してみてください。いまのあなたに必要なのは「勝つ」ことではなく「強くなる」ことです。

人は悩んだ分だけ、苦しんだ分だけ強くなれます。失敗の数だけキャリアを積むことができます。苦しみを乗り越えた分だけ自信がつきます。

そのときはとてもつらい。つらくてつらくてたまらないが、その壁をなんとか乗り越え、あとで振り返ってみたら、ものすごく自分が強くなっている。

わたしにはこのような経験が何度もあります。

「逆境は幸せの前奏曲。あらゆる逆境には、必ずそれと同等か、それ以上の成功の種が隠されている」

苦しんだ分だけ、考え方が磨かれ、できないことができるようになります。体験からのみ真の自信が形成されるのです。

自分の人生は自分で舵を取る

自分自身に正しい評価をするためには、自分で自分の人生に責任をもっているという意識が大切です。

あなたの人生は、誰のものでもない、あなた自身のもの。たとえ、一生自信のもてない「あなた」のままでも誰も困りません。誰も悲しんではくれません。

人間は記憶の生き物ですから、自分が愛されているという実感をもてず、自信がない人もたくさんいます。

わたしもそうでした。セールスで結果を出し、一時の優越感を得たものの、結局はコンプレックスをバネにがんばっていただけ。明日の生活も保証されていないフルコミッションの世界です。結果を出し続けなければ認められない。生きていけない。満たされない思いがいつも心に渦巻き、タバコを1日3箱吸い、アルコールで不安やつらさを紛らわせていた時期もありました。

自分が大切にされている実感がもてないつらさ、悲しみ、苦しみ。人間の弱さはよくわかります。ただ、いつかは自分の足で立ち、自分の力で人生を歩んでいかねばなりません。前述したように、自立なくして幸せな人生は送れないからです。

何を言っても、何をやっても、結局あなたの人生で起こったことは、すべてあなたにはね返ってきます。ならば「気分よく生きていきたい」と思いませんか?


これに気づくことが自己愛です。

自分の人生は自分で舵を取るしかありません。


同じ人生、どれだけ自己嫌悪に陥ろうと、自責の念に悩まされようと、罪悪感を抱こうと、他人と比べて卑下しようとかまいません。

しかし、自分が「自分」のことをどれだけ嫌いになろうが、一生この「自分」から離れられないのです。生涯この「自分」と付き合っていかなければならない。ならば、もう1人の自分で「自分」をマネジメントしていきましょう。自分の力で、物心ともに豊かな人生を送れるようになりましょう。

「あなた」の人生をよりよくできる人は、あなたしかいません。自分の弱さも強さも全部含めて自分が大好きと言える人生をまっとうしていきましょう。

自分の人生は誰のものでもない。
自分自身のものである。
だから、誰のせいにもしない。
すべて自分の生み出した結果である。

こう考えられれば「もう、やるしかない」はずです。

わたしも、そのことを自覚したときにはじめて自分自身に対して全責任がもてる人間になりました。

「自分の運命は自分もち」

どう考えようが自分の人生なのですから。

当事者意識が強いほど大きな成功を手にする

前項のとおり、「自分」という人間の運命を受け入れることで、自分の人生に全責任がもてる人間となれます。

「全責任をもつ」ということは「当事者意識をもつ」と言い換えるこ

とができます。

当事者意識とは、身近な例で言えば、炊事、洗濯、掃除、育児などもそうです。

自分の身の回りのことは、なんでも自分でやるのが原則です。そして、もし周りの人に手伝ってもらえたときには、「ありがとう」と素直に感謝する。これが当事者意識です。

その逆は被害者意識。被害者意識には、甘えや依存の考えが存在します。感謝ができない人の心は、いつも閉塞感に支配されています。

「掃除や洗濯は家族や妻に任せておけばいい」

「炊事や育児は女性の仕事だ」

これらは、いったい誰が決めたのでしょうか。誰も決めてはいません。そう思っている人は、たんに自分に都合のよい解釈をしているだけです。

成功している人たちは、皆、当事者意識が強い。

とくに黒字企業の経営者は、それが顕著です。

たとえば、経営不振に陥った赤字企業を次々と買収し、黒字に転換させたことで知られる日本電産株式会社の代表取締役社長である永守重信さん。かつて自動車メーカー、スズキ株式会社の代表取締役社長に復帰した鈴木修さん。

この2人にかぎらず優良とされる企業の経営者は、当事者意識の塊です。社員が何百人だろうと、何千人だろうと、何万人だろうと、全責任を1人で背負っているのですから。この「背負う」という考えがとても重要で、これこそが本来の経営者のあるべき姿だと考えています。

経営者の背負う気持ちがあまりにも強すぎると、企業としての若返りがはかれず、いわゆる老害を招くこともありますが、この辞めないという気持ちこそ、よい経営者の条件ではないでしょうか。

なぜなら退陣しない意識の裏側には、「ほかの誰かに任せるぐらいなら自分がやる。自分がこの会社を守らずして誰が守れるんだ」という強烈な当事者意識が隠されているからです。

逆に言えば、当事者意識のない経営者は、経営者とは呼べません。会社の業績悪化の理由を、不景気や社員が働かないせいにしています。この否定的な思考は無責任さからきています。このような経営者の意識が赤字の原因なのです。

わたしも20歳で独立したときには、肩書きだけでまったく経営者とは言えませんでした。経理スタッフだけの個人事業主のような会社でしたが、単なる一営業マンで、決算書も読めなければ資金繰りもできずに、当事者意識もなく会社も整理せざるを得なくなりました。

「すべて自分でやる」というのが経営者です。本来は1から10まですべて自分でやらなければなりません。


自分がやらなければならないことを、ほかの人にやってもらっていると気づいたときに人は変わります。

あなたには、あなたの人生をマネジメントしていく責任があります。

つまり、あなたは、あなたという企業の「最高経営責任者」と言い換えることができるでしょう。

自分という人間の運命を受け入れ、自分の人生をよりよくできるのは自分しかいないと自覚しましょう。

「自分の人生には、自分が責任をもつ」

いまの自分の人生を受け入れられれば、堂々と自信をもって物事に取り組めるようになるでしょう。

目的に生きればマイナスの思い込みはなくなる

この世に完璧な人間など存在しません。誰しも人に言えない悩みやコンプレックスをひとつやふたつは抱えている。

悩みやコンプレックスをもつこと自体は大きな問題ではありませんが、マイナスの思い込みが自信形成の障害になっているとしたら、できるだけ早い段階で取り除く必要があります。

20代のころ、わたしは体重が48キロしかなく、ガリガリにやせていました。それがひどいコンプレックスで仲間から「プールへ行こう」「海へ行こう」と誘われても、すべて断っていました。

いま考えれば、誰もわたしの身体を見に来るわけではありません。気にするほどのことでもないと思えます。

しかし、当時は「やせた身体を見せるのは恥ずかしい。家に1人でいたほうがましだ」という思い込みがありました。マイナスの思い込みは人生の可能性を閉ざしてしまいます。

その後、結婚して子どもができ、「子どもをプールへ連れて行く」という目的ができたら、自分の体型はまったく気にならなくなりました。「目的」や「願望」をもてば、マイナスの思い込みから解放されます。人は新たな目的に生きることで、自分自身の思い込みを打ち砕くことができます。

自分から言語化してしまうのも有効な方法です。

「おれってやせてガリガリなんだよな」と自分から先に宣言してしまう。すると、それ以降、周りの人はまったく気にしなくなる。元々、人の体型などほとんど関心がないので当然といえば当然です。

それでもダメなら「開き直る」。これしかありません。これがネガティブな思い込みを解消する最終手段です。

しかし、実際にはそう簡単には開き直れないもの。周りからみればなんでもないことが本人には気になって仕方がないのです。当時のわたしもそうでした。

そんなときは「目的」や「願望」を実現するための「行動」に焦点を当てましょう。

エクササイズのＤＶＤを買う。理想の身体を写真としてもつなどコンプレックスを克服するために、視覚化してモチベーションを高める工夫をしてみましょう。
少しずつでも行動を起こすことがマイナスの思い込みを払拭する1歩目です。

まずはできることに焦点を合わせる

マイナスの思い込みをなくそうと行動を起こしても、簡単には続けられないでしょう。そのときには、できることに集中して、1歩ずつ進んでいく感覚を身につけましょう。

以前に冒険家の三浦雄一郎さんと対談する機会に恵まれました。

三浦さんは、2013年5月23日、80歳にしてエベレストの登頂に成功、「エベレスト登頂最年長記録保持者」としてギネスブックに認定されています。

対談では次のような質問をしました。

「エベレストを登っているときは、目標に向かって歩いているという感覚でしょうか?」

すると三浦さんはこう答えました。

「そうではありません。今、目の前に見えるここを乗り越える。今、ここを乗り越える。ここを乗り越える。この繰り返しによって8000メートルの山を登っていくのです」

人生も登山と同じ。目の前のことに精一杯取り組むしかありません。一度、目的・目標を定めたら、目の前の課題を黙々と乗り越えていく。結果はあとからついてきます。

目の前の課題に対して、自分ができることに焦点を当てて本気でやり続ける。

そのとき、どんな結果が出ようとも、自分なりに一生懸命に取り組んでいれば必ず誰かが評価してくれるものです。そして、それがあなたの自信の萌芽になります。

最初は「よくやったね」という他者評価に頼ることになるかもしれませんが、辛抱強く続けていれば、自己評価が他者評価を上回るときが必ずきます。

わたしも『頂点への道』講座を25年間一度も休むことなく続けることで周りの人から「25年もひとつの研修をやり続けるなんてすごいですね」と評価していただけるようになりました。ところが、実際は「それしかできることがなかった」というだけの話です。

研修トレーナーを務めるのであれば、納得いくまでやりたい。やる以上はいい仕事をしたい。お客様に対して期待以上の喜びや感動や満足を提供したい。

無学歴で一文無しだったわたしは、求めて必死に生きてきました。50代になったいまも精一杯生きています。そのおかげで、自己評価で人生を歩めるようになりました。

高すぎる「理想」を描いてはいけません。まず、いまの自分にできることからはじめることです。現実の延長線上に理想を置きながら、目の前の課題をひとつずつクリアしていき、少しずつ基準を上げていく。それが目標達成する秘訣です。

また、自分がコントロールできることにのみ焦点を合わせるようにしましょう。

コントロールできないことに焦点を合わせてしまうと、近い将来、自分の力では越えることのできない大きな壁にぶち当たり、結果的に、自己イメージを下げることになってしまいます。
目標達成をめざすときには、コントロールできること、できないことを区別する。
これが確実に達成を積み上げるコツです。

逆境のあとには必ず成功のチャンスが訪れる

できることに焦点を当てながら、自分の理想をめざし続けていると逆境に必ず遭遇します。逆境とは自分が苦手なことやいまの実力では乗り越えることが困難なものです。達成には苦痛が伴います。多くの人がその苦痛感情を味わいたくないので逆境を避けようとします。

しかし、あらゆる逆境には、必ずそれと同等か、それ以上の成功の種が隠されています。このことを幾度となく身をもって体験してきました。

自分の力で逆境を乗り越え、それが成功につながった。何度かこうした経験を重ねていくと今度は逆境が好きになります。新たな逆境が訪れると、「おお、またチャンスが来た」と思えるようになります。

わたしははじめての独立で、高級日用品を販売する会社を起こしました。当初は売上も順調であったものの、しだいに入金の遅れる取引先が出てきました。それでも、売る力に自信があったので大きな問題とは考えていませんでした。

しばらくすると、支払いが滞りはじめて、売掛金を回収できなくなっていきました。最終的には資金が足りずに会社を整理して、300

0万円近い借金だけが手元に残りました。これだけ見ると最悪の状況です。

しかし、この借金がなければ、その後ブリタニカに入ることはなかったでしょうし、そこでトップセールスマンをめざし、自己訓練することもなかったでしょう。

現在のアチーブメント株式会社でも創業から10年間は逆境の連続でした。いちばん苦しかったのは、当時の横綱千代の富士関の引退記念に成功プログラムを製作した時期です。マスコミに大きく取り上げられたこともあり、大量生産して、社をあげての販売に取り組みました。しかし、蓋を開けてみると、教材はまったく売れず、1億5000万円分の在庫だけが残りました。会社は倒産寸前まで追い詰められてしまったのです。

しかし、わたしにはかつてブリタニカでトップセールスからトップマネジャーになって3000万円の借金を完済した経験があります。これがわたしの力になってくれました。在庫を売り切るという選択をし、テキスト形式にしていた教材をもとに研修をはじめました。

第1回目の受講生はたったの5名。それから25年が経ち、毎回200名近くの受講生に参加いただけるわが社の代表的なセミナーにまで成長し、受講者数は累計3万名を突破しています。

まさに災い転じて福となる。この危機を乗り越えたことがわたしの大きな自信につながり、自分を強運だと思えるようになったのです。

あのときに、在庫を抱えていなければ教材を使った研修も考えつかず、現在のメイン商品である「戦略的目標達成プログラム『頂点への道』講座」はなかったでしょう。

思いが体験によって強化された経験でした。

人生には、苦痛と快感が交互に訪れ、そのなかで人は成長していきます。苦痛だけ、快感だけの人生などありえません。

人は逆境を経験しているときに成長します。そのときは気づいていないだけで、あとで振り返れば「自分はあの苦しい時代に成長したんだな」と思える瞬間が必ずきます。人生、最後に勝つのは苦痛に耐えた人間です。

徳川家康は「人の一生は、重き荷を背負うて遠き路を行くが如し、急ぐべからず」といった名言を残しています。

「一生折れない自信」は、多くの突破体験、成功体験の上に築かれるものです。

逆境は自分の力で乗り越えるものです。決して人に助けてもらうものでも、人から与えられるものでもありません。逆境に負けそうなときは思い出してください。逆境には必ずそれと同等か、いやそれ以上の成功の種が隠されています。

逆境を乗り越えた経験が、次の逆境もチャンスだと思えるようになる唯一の方法なのです。

感謝の気持ちにフォーカスする

家庭、職場、学校、あらゆる場所において、普段、あなたが「当たり前」だと思っていることに気づき、当たり前とは片付けずに心から感謝をして、周りの人にその恩返しをしようとする。どんなことにも感謝できる心をもつことができれば、あなたの人生は必ずよい方向へ動き出します。

わたしは、自分を生んでくれた両親に感謝しています。とくに実の母には、感謝のしようがありません。17歳の家出少年だったわたしのことを見捨てず、仕事を休んで、半年かけてわたしを探し出してくれました。

わたしにかぎらず、どんな人も両親に愛されています。そのことが実感できれば、自信がないと言って自分の人生を簡単にあきらめてしまうことはないでしょう。

そう思えないから、非行に走ったり、自暴自棄に陥ったり、道を踏み外してしまうのです。

もしあなたがそのような状態ならば、もう一度、自分の周りを見渡してみてください。あなたのことを大切に思ってくれている人が必ずいるはずです。

小学校低学年だったわたしにとっては、担任の石川先生がそうでした。家に帰ると義理の母の厳しい関わりが嫌で家に帰りたがらないわたしを見かねて、放課後になると「青木くん、オルガンのレッスンをしようか」と『線路は続くよどこまでも』をいつも一緒に歌ってくれました。いまでもわたしの思い出の曲で、携帯電話の着信メロディーにして聴いています。

社会人になってからは、ブリタニカ時代の上司に助けられました。入社当時のわたしは、あきれられても仕方がないほど結果を出せませんでした。しかし、上司はわたしのことを信じ続けてくれました。それどころか、わたしに「できる」という他信まで与えてくれたのです。

わたしも日々、身近な人に感謝の気持ちをもって生きることを心がけています。数多くある企業のなかからアチーブメントを選んでくれた社員を幸せにしたい。わたしを生涯の伴侶に選んでくれた妻の期待には精一杯応えていきたい。子どもには、責任のある生き方をして、絶対に育て上げていくぞという気概を強くもっています。

また、妻の両親にも妻に対して「おまえは青木さんと結婚してよかったね。おまえの人生は、青木さんと出会ったことで、幸せになったね」と安心して目を細めるような生活を与えたいと思っています。

ほんとうはこんなこと思わなくてもよいのかもしれません。しかし、こうした気持ちは本音です。決して聖人君子にはなれませんし、自己中心的なところも多々あり、間違った選択をすることもあります。

セールスができるからと得意になって起こした会社は失敗。家賃を滞納し、大家さんから不誠実とののしられたこともありました。借りていたお金を返せず友人から「おまえは浮浪者以下だ」となじられたこともあります。ブリタニカに入って売れるようになると、また勘違いしはじめて、人間として大事なものを見失っていた20代でした。

しかし、それでも、周りの人に対する感謝の気持ちだけは忘れずに生きていきたいと思っています。

人は、決して1人で生きているわけではありません。多くの人に支えられ、勇気づけられ、またあるときは情けをかけられていまの自分があるのです。

人を思いやる、家族を思いやる、親を思いやる、仲間を思いやる。すると、不思議と自分の心が解放されていくことに気づくことでしょう。周りの人に感謝して、今度は自分のほうから恩返しをする。お世話になった人に尽くす。するとその人から「ありがとう」と感謝され、あなたの自己イメージは上がります。見返りを期待せず、「自分がやりたいから、やっているだけ」と思えるぐらいの達観した気持ちになることが必要です。

「見返り」とは、レベルの低い打算です。人からよく思われようとしても、よく思ってくれるという保証はありません。

もちろん、誰だって見返りを求めてしまうもの。それでも「自分がやりたいからやっているだけ」と思うのです。

すると、いつの日か、心ある人がそのことに気づき、評価してくれます。

それは半年後かもしれません。1年後かもしれません。いや、もっとずっと先のことになるかもしれません。それでも、必ず誰かが気がついてくれるときがきます。

「感謝を行為で表そう」と思えれば、そこにあなたの人生の「目的」や「意味」が生まれてくることでしょう。

社会における自分の役割を知り、そこにフォーカスをして、毎日の小さな成功に感謝する。それこそが成功の秘訣ではないかとわたしは思っています。

素直に生きれば
圧倒的に成長する人になれる

わたしは『頂点への道』講座のトレーナーとして、これまで約3万名の受講生に目標達成の技術を伝えてきました。

わたしの研修に参加してくれる人たちを見ていて気がついたことがあります。

それは「素直な人ほど成長する」ということです。

人から話を聞いて、あるいは本を読んで、それが自分にとって有効だと思ったら、とりあえずやってみようと思う。こうしたタイプほど伸びます。

じつはわたしも自分がよいと思ったことを実際に試していたら、理想が現実になったタイプです。第1章で述べた「暗示」の力もそのひとつ。

ブリタニカでトップセールスマンになる前、等身大の鏡を買ってきて、

「おまえは、セールスの天才だ！」

「おまえは、セールスの天才だ！」

「おまえは、セールスの天才だ！」

と毎朝、何十回もやった。するとほんとうにトップセールスマンになることができました。

別の例を挙げれば、年収が200万円〜300万円のときに、

「自分は1000万円を稼げる人間になる」

「自分は1000万円を稼げる人間になる」
「自分は1000万円を稼げる人間になる」

と暗示をかける。現実と理想のあいだには、700万円〜800万円の開きがありますが、毎日、口に出していると、いつかは必ずそうなる。これを「鳥かご理論」と呼びます。

鳥かごだけ買ってきて、毎日、その鳥かごを見ながら、「いつかおれは鳥を飼うぞ」と言い続ける。するとたとえばボーナスが出たときに、「カナリアを飼おうかな」とペットショップへ足を運んでいることに気がつく。

鳥かごを部屋に置いておくということは、「鳥を飼う」ことの動機づけ、ひとつのきっかけになる。鳥かごを置いておくことで、自分はどうやったら鳥を飼えるようになるのだろうかと知恵が働き、無意識のうちにその方法を考え出すのです。

何を聞いても、何を読んでも、「そんなはずがない。そんなのただの精神論だよ。それで夢が実現できたら、世の中、みんな成功者ばかりになってしまうよ」と最初から馬鹿にして、やろうともしない。

こうした人もいます。その思いもわかりますが、行動しなければ現実は変わりません。まずはやってみてください。やれば必ずなんらかの結果が出ます。

本書を手にしたあなたは、まず、この本に書かれたことを信じて実際に試してみてください。これまで自分に自信がもてなかった人は自信の種が、これまで小さな自信しかもてていなかった人はより大きな自信が育まれていくはずです。少なくともわたしはやり続けることで自信を培ってきました。

「よい情報を素直に受け入れて実践する」

そうした人ほど、圧倒的に成長する人になれます。

やるべきことは今すぐに実行する

時間とは命であり、価値であり、お金である。時間はつねに流れている。だからストックすること、貯めておくことはできません。

今こうしている瞬間も、砂時計の「砂」のように、時・価値・金が落ち続けています。誰もそれを止めることはできません。

しかし、私たちは「今、この時間に何をするのか」を選ぶことができます。

自信をつける秘訣、成功するための極意は、「選択」と「選別」です。

よい情報を仕入れたら、今すぐに実行しましょう。情報を選択・選別し、それを確実に実行する。すぐに実践へ移す。これがあなたの自信形成や成功につながります。

多くの人が就職や結婚して家族をもってから成功するための努力をはじめますが、ほんとうはもっと早く、就職する前あるいは結婚する前からはじめるべきです。

「年をとってから努力しても無駄」ということではありませんが、やはりできるだけ若いうちからはじめておくのがよいでしょう。

スタートは早ければ早いほどいいのです。

ブリタニカ時代、毎夏、セールスのコンテストがありました。ほとんどのセールスマンがコンテスト間近になってから準備をはじめていたなかで、わたしは5月ごろからコンテストを視野に入れた活動をはじめていました。

だから、「用意！　ドン！」で一斉にスタートしたときには、すでにかなり前方、１００メートル走でいえば50メートルぐらい先を走っている。そんな感じでした。なぜなら、みんながスタートする瞬間、わたしはすでに契約の見える案件を何本も抱えていたからです。

別にこれはルール違反でもなんでもありません。前もって準備をしてはいけないという決まりはないのですから。人生も同じだと思っています。みんなと足並みをそろえて、「用意！　ドン！」で走り出すのではなく、できるだけ早い段階でスタートを切る。

つまり、できるだけ若いうちから努力する。

時はつねに流れ続けています。しかも、過ぎ去った時間を取り戻すことはできません。なぜ、スタートを遅らせるのでしょうか。

一生折れない大きな自信を望むのであれば、今、この瞬間に心を決めて、実行に移りましょう。

III

TAKE ACTION TO GET OUT OF THE SITUATION

現状から抜け出す行動力を発揮する

小さな成功を積み上げて大きな自信をつくり上げる

自信は、自分の思考が実現すればするほど大きくなります。

「こうしよう」と決めて、それを自分の力で現実化した。それまでできなかったことが、学習や訓練によってできるようになった。

こうした成功体験、突破体験をしたとき、小さな自信が生まれ、これを繰り返すことによって、少しずつ大きな自信になっていきます。

つまり自信をつけるには、「自分の思っていること」と「していること」を一致させる習慣を身につけることが大切です。

1日のはじまりに、自分の目的や目標を確認して、それを達成するための具体的な行動計画を立てます。そして、その日の終わりに、自分の思考を現実化できていると思えれば自信がついていきます。逆に描いたプランと乖離《かいり》があればあるほど自信が失われていくでしょう。日々の生活習慣で「自信がつく」「つかない」が分かれます。もちろん自信が形成される方向へ日々進んでいくことが大切です。

「目的」とは目標の先にある生きがい、大切にしたいイメージです。「目標」とは自分の望んでいる状態や未来の出来事です。

自信は達成経験がなければ、形成されないので、まずは達成しやすい目標を設定するとよいでしょう。

毎朝早起きをする、毎月決めた冊数だけ本を読む、ダイエットのために毎日公園を散歩する、毎月決まった額を貯金する、など小さな目標の達成をめざしましょう。

ひとつ目標が達成できたら、今度はレベルを上げて、同じように実現に向けて取り組みます。こうして、大きな自信をつくり上げていくのです。

最初から高すぎる目標を立ててしまうと、理想と現実のギャップに苦しんで挫折し、結果として自信喪失ということになりかねません。

確実に実現し、少しずつレベルを上げながら、積み上げていくことが肝心です。ここまで積み上げることができたという実感があれば自信がつきます。「ここまでやってきたという自分」を尊敬できるようになるからです。

わたしの息子が小学校低学年だったとき、その日は朝の5時に起きて、早く学校へ行かなければなりませんでした。ところが時間になってもなかなか起きてこない。前夜寝るのが遅かったから、起きられないのでしょう。

だからといって、息子を叩き起こすようなことはしません。

「今日は学校へ早く行くって話していたよね。行くなら今起きたほうがいいよ」

あくまでも息子の「意思」に訴えかけます。

しばらくしてもまだ起きてこないので、もう一度、やさしい口調で伝えます。

「どうする？　早く学校へ行くんじゃなかった？」

するとようやく、自分の力で起きてきました。息子は無理やり起こされたのではありません。自分の意思で、自分の決めたことをした。こうした小さな積み重ねが将来の自信をつくり出します。

このように考えてみると、日常生活のなかにも自信を形成する方向性をもった行動となくす方向性をもった行動の2種類があることに気づきます。

小さな目標を立てそれに向かって歩みはじめたら、その足跡をたどってみてください。

「先週1週間、自分は何をしてきたのだろうか」と振り返ってみて、自分で決めた目標をしっかりと実行してきたと思えれば、自信につながります。

あなたの未来は「今」の延長線上にあります。だからこそ、小さな達成を積み重ねていくのです。

もし、自分の思い描いた結果が得られていなくても、失敗ではありません。すべて経験です。その経験の中から何かをつかみとる努力をして明日に活かしましょう。

自分の立てた目標を達成していくうちに、しだいに達成できる領域が広がっていることに気づくはずです。

そうです。人は、そうして成功へと近づいていきます。簡単に手に入る自信は長持ちしません。小さな成功をコツコツ積み上げた大きな自信は、そう簡単には折れません。手に入れるまでに時間はかかりますが、その分、堅固で確実な「一生折れない自信」となるでしょう。

自己イメージを高める20のアイデア

前項でお話した「小さな成功を積み上げて大きな自信をつくり上げる」ためには具体的にどのようなことをすればよいのか。わたしは、自分のセミナーで次のようなアイデアを紹介しています。

□外見を整える。よい物をもつ
□身体を清潔にする
□笑顔と賞賛を贈る人になる。肯定的なフィードバックの名人になる
□いつも周りの人に心配りをし、感謝の気持ちを忘れない
□付き合う相手を慎重に選ぶ
□自分の長所を書き出したカードをつくる
□過去に成し遂げたことを書き込んだ成長（勝利）リストをつくる
□悪い影響を与える映画や本から身を避ける。読んだり、観たあとに自己嫌悪に陥るものには近づかないようにする
□失敗を乗り越えて、成功した人の体験談を聞いたり、その人の自伝を読む

□よい仲間とともに、「ありがとう」と言ってもらえる活動をする。貢献の人生を送る
□アイコンタクトを大切にする
□自分に正直に生きる
□毎日、アファメーション（自己暗示）を実践する
□仕事に対して、大義名分のパワーをもって取り組む
□身の周りの整理整頓を徹底する
□毎日、小さな成功を積み重ねる
□自分との約束を守る
□成功者と付き合う。成功者には成功する理由がある。それを知る、学ぶ
□セミナーに参加する。教育とは自分への投資である
□人生の意味、目的から外れないこと

これは、ほんの一例です。これ以外にも自分がやりたいと思っていたことを書き出して、できることからはじめるのもよいでしょう。

自信形成で大事なのは、自分の意思（思考）で決めたことを自分の力で実現することです。そのことを忘れないでください。

誰でもできることを誰よりも熱心にやる

世の中には、誰もやったことのない特別なことをやろうと思って、結果的に何も手をつけられていない人が多く見られます。

「何かうまいやり方があるんじゃないか」と手をこまねくだけで、当たり前のことをないがしろにしている。そんな人たちです。

誰でもできることを、誰もできないほど熱心に取り組む。

これができなければ、いまより向上することなんてできません。

私たちに必要なことは、「特別な何か」を探すことではなく、当たり前のことに目を向けて、それを誰にも負けないぐらい熱心に取り組むことではないでしょうか。


株式会社星野リゾートの代表取締役社長・星野佳路さんにお会いして、そのことを改めて感じました。

星野さんは「エコリゾート経営のカリスマ」と称される人物で、国土交通省から第1回観光カリスマにも選ばれています。経営者として自社の旅館経営に携わるだけでなく、経営破綻した温泉旅館や大型リゾート施設の再生活動もされています。

話を聞くと、星野さんが取り組んでいることは、決して特別なことではありません。よく考えればすべて当たり前のこと。しかし、私たちには盲点となっているのです。

たとえば、「調理場は経験を積んだ料理人でなければ務まらない」という思い込み。星野さんは主婦のなかにも料理のスキルが高い人はたくさんいると考えています。だから、１人は給料の高い料理人を雇い、残りは長年の主婦経験者を積極的に雇用する。これによって大幅に経費を削減することができ、かつ必要十分なオペレーションが遂行できると言います。

これ以外にも誰もが「なるほど」「言われてみれば確かに」と思うものばかりです。

しかし、私たちには星野さんのような前提で物事を捉えることがなかなかできません。それは、当たり前のことに目を向けず、特別なことにばかり関心が向いているからでしょう。星野さんのような視点は、「誰でもできる当たり前のことに目を向け、誰よりも熱心にやる」ことによってはじめて生まれるのだと思います。

「保険の神様」と呼ばれるトニー・ゴードンという人物がいます。学生時代ずっと劣等生で、勉強はまったくできない落ちこぼれ。ところが保険のセールスマンになったら「超」が付く優等生に生まれ変わりました。

ライフプランナーの上位6％以上しか入れないMDRT（Million Dollar Round Table）のさらに6倍の成績基準を収めた人だけが入会資格を有する組織TOT（Top Of The Table）に30年以上も入り続け、会長まで務めた世界一の保険セールスマンです。

なぜ彼は成功することができたのでしょうか？

自著『保険の神様が教える最強営業メソッド』には、次のように書かれています。

「ほんとうに並外れた人々など、この業界にはいません。並外れた夢を見て、並外れた業績に向けて自分自身を律することができる、普通の人々がいるだけです」

自分ができることに没頭し、誰でもできることを、誰よりも熱心にやった結果、普通の人では到底手に入らない成功を手にすることができたのではないでしょうか。これこそが自信を育む最大のコツであり、成功の秘訣です。

前にも述べましたが、人は自分の好きなことをやるときは、自信があるとかないとかは考えません。とりあえずやってみよう。できないことがあったとしても、とにかく試してみようと思います。

わたしの場合は好きなことがセールスでした。セールスこそが最高の修行場だったと思えたからです。だから、セールスという仕事にめぐり合えたことに感謝しています。「もう一度、セールスマンに戻りたいですか?」と尋ねられれば、迷わずに「戻りたいです」と答えます。そして「今度は世界一のセールスになる。朝から晩まで売ってみせる」と続けることでしょう。

わたしはセールスという仕事が大好きです。売ることの「天才」と言われたかった。なぜなら、それしか取り柄がなかったからです。「自分には売ることしか能がない。売ることすらできなくなったらもう終わり」

こう思いながら、とにかく売ることにこだわりました。

あなたにもやってみたいこと、興味のあること、好きなことがひとつはあるはずです。まずそれを誰にも負けないぐらい、とにかく熱心に取り組んでみてください。そこにミラクルが起こります。

もし何も思いつかないのであれば、「挨拶」の徹底を心がけてみましょう。挨拶がしっかりできる企業は、いつ訪れても気持ちのよいものです。しかし、実際は意外とできていない企業が多い。

そういうときこそ、自分が率先して挨拶するように心がける。すると周りの人から評価され、自己イメージも上がり、小さな自信が生まれてきます。

「凡事徹底」

世の中にはたくさんのどうでもいいことと、数少ない大切なことがあります。

この数少ない大切なことを誰よりも熱心におこない、習慣化していくことが、あなたを成功へと導いてくれます。

自分だけの成功パターンをつくり上げる

過去の失敗がトラウマとなり、何をやってもうまくいきそうにない。このように思っている人にぜひやってもらいたいのが、自分なりの「成功パターン」をつくることです。自分に課した目標を絶えず達成していくことで、自己信頼感を高めることができます。

野球解説者の佐々木信也さんが、わたしの講座に参加されたときに次のような話をしていただきました。

川上哲治さんが監督のころ、読売巨人軍が9年連続日本一（V9）

を成し遂げた時代。当時エースだった堀内恒夫投手（のちに巨人軍の監督に就任）は、個人的にメンタルコーチを付けていたそうです。

メンタルコーチが堀内投手に課したこと、それは「毎日同じ時間に多摩川のグラウンドで走ること」でした。

それは決してハードなトレーニングではありません。

軽くジョギングするようなスピードでグラウンドを2周走ったあとに、歩きながらメンタルコーチと話をするだけです。

堀内投手は、これを何年にも渡り続けていたそうです。

メンタルコーチは、堀内投手に何を期待していたのでしょう？

「自分（堀内投手）は、プライベートでメンタルコーチを付けてまで努力をしている。だから自分の投げる球は打たれるはずがない。自分は絶対に負けない」

こうした自信を植え付けることだったと、佐々木さんは説明されています。

この考え方はとても重要です。わたしがおこなう研修でも「毎朝、早く起きる」習慣を薦《すす》めています。それは、成功のパターンを身につける訓練でもあるからです。わたし自身、トップセールスマンになり、トップマネジャーにもなった成績そのものよりも、そこで得た自信が人生の大きな支えになっています。

夜10時すぎに営業へ出て、契約を3件取ったことが何度もありましたし、「今週はこういう結果を出すぞ」と決めて、目標と実際のオーダー数が、1週間の予告とピッタリ一致したこともあります。

こうした経験はいまも鮮明に覚えています。自分の願望が成就した瞬間や達成体験により味わう感動は、生涯忘れないものです。

このような感動体験の回数が、自信となって将来の自分を支えていきます。そのために、まずは、自分なりの成功パターンを見い出すことが大切です。

早起きの習慣が自信をつくる

「小さな成功を積み上げて大きな自信をつくり上げる」

「誰でもできることを誰よりも熱心にやる」

「自分だけの成功パターンをつくり上げる」

これら3つの要素を満たす課題として、わたしがお薦めするのは早起きです。

自分が決めたことを自分の力で達成することによって自信は形成さ

れるので、自己訓練の課題はなんでもかまいませんが、「早起きに勝るものはない」とわたしは考えています。

朝の30分、1時間はほんとうに重要です。1日のリズムになるのが朝。1日の質を大きく左右します。

もちろん職業的に朝以外の時間のほうが集中できるという場合は別です。人にはそれぞれタイプがあるので、自分に合わせて判断するとよいでしょう。

では、早起きをしてまず何をするのか？

未来に対するイメージングをおこないます。わたしの場合は毎朝5時に起きて、まずベッドの上で軽く身体をウォーミングアップ。そのあと、顔を洗い身支度を整えて、家族と朝食をし、息子を駅まで送ってから、秘密のカフェへと向かいます。

毎朝、決まったカフェの決まった席に座り、自分のプランニングをしています。パターン化しているのです。その際、必ず人生の目的から入ります。

人生の目的を頭に思い描き、将来のビジョン、目標、計画。計画には長期、中期、短期があります。それらを順に見たうえで、最後に今日やるべきことを確認します。

わたしがいつも考えているのは、会社の目標です。売上、経常利益、社員数。どうやったら確実に目標を実現できるのか。ものすごく具体的なことを考えます。「どうしたら、いい人間になれるのか」とは考えません。

なぜなら、目的から達成すべき目標を立てているからです。

「『頂点への道』講座の基礎となっている選択理論心理学をより多くの人に知ってもらい、この社会からいじめや差別をなくし、この日本をほんとうにすばらしい社会にしたい。そのためには価値ある商品やサービスを普及する以外に方法はない」

これが目標に対する動機づけになります。

社会的に意義のある目的であれば、その分、目標に対する強いこだわりが生まれます。目標に対するこだわりがあればプランニングの見直しは当たり前になります。

プランニングを見直すとは、1日の質をどうやって高めていくのかを検討することです。1日に対するブレイクダウンが厳格になります。

もし、あなたがセールスマンであるならば、自社の製品をより多くの人に使ってもらいたいと考えているはずです。ならば、以下のような「1日の目標」を立ててみてはどうでしょうか。

①今日、何人のアポイントメントを取るか
②今日、何人と面会をするか
③今日、誰にどのようなプレゼンテーションをおこなうか
④今日、何件のオーダーを上げられるか
⑤今日、何人の新規見込み客を開拓するか

朝早く起きて、1日のプランニングをすることによってあなたの自信は高まり、成功パターンが出来上がっていきます。

1日の質を高める

毎日、どんなにささいなことでも軽く考えず、小さな成功体験をコツコツと積み重ねていく。つねに「今日やるべきことは何か」を考え、確実にそれを実行し、1日の質を高めていく。これこそが自信を高める早道だと述べました。

つねに「目的や目標の達成」を意識して、「やりたい、やりたくない」という基準ではなく、「やるべきことをやる」というトレーニングを重ねましょう。

最初は嫌で嫌でたまらないかもしれません。しかし、嫌なことほどやり遂げたあとには必ず達成感を味わうことができます。すると、それが心の栄養となって、「やった！」「できた！」という自信が生まれます。

苦手なことでも、嫌なことでも、逃げ出さずに、目的や目標に立ち返ってやり遂げる。そして、そのレベルを少しずつ上げていくのです。

それがいつしか大きな自信になります。

肝心なのは、「好きなこと、嫌いなこと」という観点で物事を捉えるのではなく、「目的・目標を達成するためにやるべきかどうか」という視点で見ることです。

自分の願望を満たすために避けては通れない「やるべきこと」という意味づけをしてみましょう。

意思と願望がぶつかれば必ず願望が勝つ。だから、「やりたい、やりたくない」という意思に、あなたの「目的・目標」という願望をぶつけて打ち勝つのです。

あなたの「今日やるべきこと」は以下の5つに分類できるはずです。後ろになるほど、優先順位は低くなります。

①絶対にやるべきこと
②やるべきこと
③やったほうがいいこと
④ほかの人に頼めること
⑤無意味なこと

優先順位は、あなたの「目的・目標」に照らし合わせて決めます。分類ができたら、優先順位の高いものに集中し、確実に達成していきましょう。

繰り返しになりますが、このときに「やりたい、やりたくない」で決めてはいけません。必ず「やるべきかどうか」の軸で判断することです。

そして、その日の終わりに1日の棚卸しをします。

①何がうまくできたか？
②もっとうまくできる方法はなかったか？

自分自身に問いかけ、反省し、明日に役立てます。

わたしは、毎晩、入浴しながら時系列に沿って1日を振り返ることにしています。

「今日も1日、『絶対にやるべきこと』には精一杯取り組むことができた」

「でも『やるべきこと』に入っていた、あの案件は時間がなくてできなかったな」

「あのとき、あんな言葉を使ったけど、ちょっと厳しすぎたな」

といった具合です。

ただし、わたしの場合はあまりよいことは考えません。よいことは考えようと思わなくても、自然と「今日の〇〇〇はよかったな」と思い出すからです。

また、「〇〇がうまくいかなかった。やっぱりわたしはダメな人間なんだ」と悲観することもありません。今日1日、質の高い日を送ろうと精一杯やったのですから、それでよしとしましょう。

人生に失敗はありません。すべてが経験です。

わたしの会社では、社員全員に日報をつけることを課しています。日報には、その日の行動だけを記載します。今日は天気が悪くて気分が乗らなかった、などと記録する必要はありません。1日の行動を確認し、目的や目標に対してどれだけ忠実に生きているかを振り返るためのものです。

だからわたしは、日報の提出についてはとてもうるさく言います。1日の足跡を残し、それを振り返り、将来に生かすことが、自信の形成や成功には欠かせないからです。

一日一生。毎日を悔いのないように生きる。目的・目標に対して忠実に生きる。

毎日、毎日、前向きに生きていれば必ず道は開かれます。

1日だけの自信を追求する

1日の質を追求するとともに、1日の自信を保つことも大きな自信をつくるためには大切です。ビジネスパーソンであれば、次の4つの自信を1日でかまいませんから、しっかりともち続けて過ごしてみてください。

会社に対する自信
職業に対する自信
商品に対する自信
自分に対する自信

今日という1日、これら4つの自信をしっかり保てれば大成功です。今日できたら、明日もできます。次の日も、4つの自信をしっかりと自分の心に抱いて、精一杯過ごしてみてください。
これを繰り返すことで、小さな自信がだんだんと蓄積され、大きな自信につながります。もちろん成果も出はじめることでしょう。

ブリタニカでは、週給制のフルコミッションセールスが採用されていました。まさに、1日1日が勝負です。社員はいつドロップアウトするかわからない。生き残るには、徹底的な意識管理が必要でした。

わたしはマネジャー時代に部下へ成功哲学を教えることから1日をスタートさせました。

朝7時から2時間~3時間、仕事の意義や意味から人生の目的までを説いて聞かせます。

「なんのために、誰のために、今日結果を出す必要があるのだろう」

「自分たちは、いったいなんのために生きているのだろう」

これらを話して、1日だけの自信をもたせるのです。

こうした部下に対するレクチャーは最低でも週に3回はおこないます。フルコミッションセールスのマネジャーはトークが切れなければ務まりません。きっと部下たちは、毎朝、能力開発の講演を受けているのと同じ効果を得られたことでしょう。

マネジャーによるレクチャーが済むと各人が1日のプランニングやオーダーの資料を整理して、最後に決意表明をしてから営業へ出かけます。

外出先でも、マネジャーの意識管理は続きます。

1日に何度も報告を入れさせるのです。当時は携帯電話がなかったので、公衆電話から連絡をさせました。

もし、このとき部下が戦意や自信を失っているようならば、メンタル面のクリニックをおこないます。仕事や人生に対する意義づけを説き、自信を回復してやります。

あなたには、1日だけの自信を抱かせてくれる上司はいますか?

もし、いないようなら自分の人生の成功シナリオを録音しておいて毎朝それを聞く。また、声に出して成功のシナリオを読み上げるのもよいでしょう。

「自分はいつまでに○○を達成する」

「自分は年収○○万円稼げる人間になる」

「自分はトップセールスマンである」

などと宣言する。決断する。そして1日だけ、4つの自信をもってベストを尽くしましょう。

暗示の力を利用して思い込みを変える

あなたがもつマイナスの思い込みをプラスに変え、毎日4つの自信をもって過ごすためには、アファメーション（自己暗示）が有効です。

「わたしはできる。わたしには価値がある。わたしは成功者だ」

「いいことがある。ますますよくなる。きっとよくなる。必ずよくなる」

「自分は絶対によくなる。絶対によくなる。絶対によくなる」

こうしたフレーズを口にして、自分にプラスの言葉を打ち込んでいきます。

すると、これらが内言語（表面には現れない自分の中の言葉）となって、あなたのもつ思い込みがマイナスからプラスへと転化されます。

繰り返しますが、わたしはトップセールスマンになる前から、自分のことをトップセールスマンだと信じ、そのように行動して、結果的にトップセールスマンになることができました。

その当時は全然自信なんてありません。トップセールスマンになれた理由は、思い込んだだけです。そして、いまでも暗示の力を活用しています。

朝、会社へ向かう車中ではアファメーションCDを聞いています。わたしの車は「走るセミナー室」です。

また、音楽も強いメッセージ性がある曲を普段からよく聞きます。長渕剛さんの楽曲には「あきらめるな。あきらめるな」「死ぬな。生きろ」と力強く歌い上げるものがありますが、聴きながら、涙したこともあります。

「おまえには価値があるんだ。自分の人生は自分で舵を取れ」と叫んでいるように思えたからです。彼の声と歌詞にジーンと来ました。

じつはアファメーションも同じです。アファメーションは、私たちに自信と勇気を与えてくれます。

アファメーションをすることで、どんなことがあっても、「きっとよくなる。必ずよくなる。絶対できる」と思えるのです。

具体的にどのようなアファメーションがあるのか、いくつか紹介しましょう。

□その1（積極宣言！）

わたしはいかなるときも与えられた仕事に全力投球する。

わたしは常日ごろ考えている人間になる。

わたしは人生に最善を求め、最善を期待する。

わたしの収入はわたしが提供するサービスの量に比例して増える。

今日、わたしは自分がなりたい人間のように振る舞い、行動する。

わたしは成功するためにこの世に生まれてきた。

わたしは幸福になる権利をもっている。

わたしは必ず自分の夢を実現し、貢献の人生を生きることを誓う。

□その2（成功の詩「わたしには価値がある」）

わたしには価値がある。

わたしには無限の英知と知恵がある。

わたしは自分の可能性を信じる。

わたしは自分をこの宇宙において、唯一無二の存在と認め、自分の中に、この宇宙の無限のエネルギーが内在していることを信じる。

わたしは成功するためにこの世に生まれてきた。

わたしは幸福になるためにこの世に生まれてきた。

わたしは成功のための条件をすべて内に備えている。

ちょうどダイヤモンドが、研磨される前にもダイヤモンドとしての存在価値があるように、わたしもわたし自身の存在価値を承認する。

わたしは価値のある人間だ。

わたしはすばらしい人間だ。

わたしは自分を愛する。

わたしは自分を大切にする。

わたしは自分を最高最大に生かし切ることをここに誓う。

死を迎えたときに、わたしはわたしに対して〝よくやった〟と言えるような人生をまっとうする。

なぜならわたしには価値があるからだ。

自分でアレンジしてもかまいません。毎日最低1回はこれらを読み上げ、自信をもって今日1日を過ごせるようにしましょう。

3日、3週間、3ヵ月タームで考える

自信がもてないとき、まずは3日間努力してみましょう。

3日間がんばれたら、3週間辛抱してみてください。早起きするにもまず3日。「3日坊主」という言葉があるように、挫折する人は、3日以内にあきらめてしまうようです。

わたしは「3」という数字をすごく大事なキーワードとして捉えています。3日間できたら、3週間できる。3週間できたら、3ヵ月できる。このようにして、少しずつ期間を延ばし、小さな目標達成を積

み上げていくのです。

トレーナーとして25年以上研修をしてきて、この周期が最適であると導き出しました。「3日、3週間、3ヵ月能力開発プログラム」とでも言いましょうか。

わたしの経験上、人は3ヵ月以上同じことを続けるのが難しい。だから、3ヵ月を迎えたら一度ふりだしに戻ります。もう一度そこから、3日、3週間、3ヵ月と続けていきましょう。

171ページの図を見てください。大きな三角形があります。わかりやすいように1年単位で考えてみましょう。1年を3ヵ月ごとに区切ると、大きな三角形の中に4つの小さな三角形ができます。さらに小さな三角形を3週間、3日間の単位で区切っていくと、もっと小さな三角形がたくさんできます。この三角形の表面積が達成と自信の量を表します。

図を見てわかるように、小さな三角形なくして、大きな三角形はありません。だからこそ、小さな三角形をコツコツと積み上げて、大きな三角形をつくり上げるのです。「何をいつまでに達成する」と目標を決める。つまり大きな三角形を描く。

次にその目標に対して、「3日、3週間、3ヵ月」、「3日、3週間、3ヵ月」、「3日、3週間、3ヵ月」といくつもの通過点を決めていく。つまり逆算をして、小さな三角形をいくつもつくる。1日1日は小さな三角形にすぎません。しかし、積み重ねることで大きな三角形の一部になります。

わたしは小学生のころから新聞配達をしていたので、毎朝決まった時間に起きて、新聞を配り、登校していました。当時はつらくて仕方がありませんでしたが、振り返ると最高の自己訓練でした。

ここで、誤解をしないでほしいのは、「訓練」と「罰」は違うとい

3日、3週間、3ヵ月能力開発プログラム

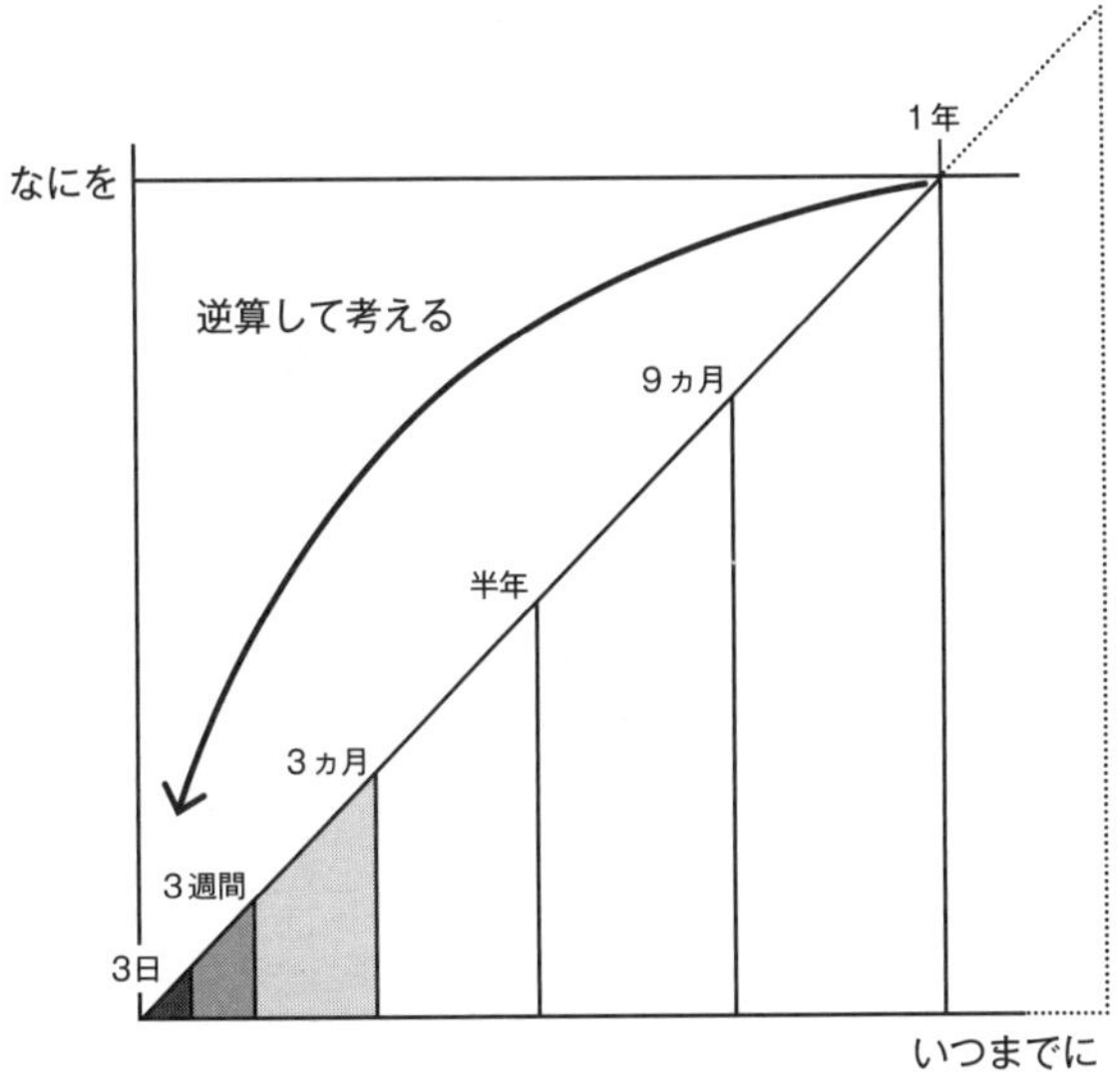

うことです。訓練とは、あくまでも自分から求めておこなうもの。だから、自己評価が高まり、自信がつきます。新聞配達で言えば、配達時間に遅れるようなことがあれば仕事を失いかねません。「絶対に遅刻できない」という内発的な動機が生まれ、それが達成できたときに、自己評価が高まります。

ところが、誰かに課せられた場合は逆です。人は「やらされ感」の中で失敗すると落ち込みます。自分の意思で決めて、自分で自分に課題を与える。これによってはじめて、人は自信を形成することができるのです。

よい状態をキープするリズムをつくる

「3日、3週間、3ヵ月能力開発プログラム」は、生活をパターン化することで続けることがラクになります。

わたしは、毎朝7時に秘密のカフェへ行き、決まった席で自分の人生の目的・目標を確認していると述べました。

「シンプル・イズ・ベスト」という言葉がありますが、パターン化することで毎日の生活を複雑にしなくて済むという大きなメリットがあります。あれこれ考えなくてよいので、最高の状態で1日をはじめることができるのです。

朝にかぎらず、徹底的にパターン化した生活を送るようにしています。たとえば、社内で会議をはじめるときでも、席についたらすぐに「さあ、はじめよう。今日の案件はなんですか?」と本題に入り、できるだけ早く終えるようにしています。

これは、リズムを大事にしているからです。リズムは自分を守ってくれます。

人間には、強い部分と弱い部分が同居しています。時に自分の弱さは人生の障害になることがあります。

だから、パターン化し、リズムを大切にすることで、自分の弱さから自分を守るようにしているのです。

決して人は強くありません。一皮むけば、みんな弱虫。でも、それを見せないように、必死に、自分の中のもう1人の自分が、弱い自分をマネジメントしているだけなのです。大事なことは、そうした弱い部分も強い部分も全部含めて、自分が大好きと言えるようになることでしょう。

感情はよいリズムについてきます。成果を出す人は、リズムがよいのです。

スローなテンポになると、感情が重たくなり、逆にハイテンポのときは感情が高まって、ツキがどんどん向こうからやってくるような感じがします。よい結果も期待できます。

経験から言えば、歩くスピードもそのときのテンションに相通じるものがあります。ゆっくり歩くと波動もゆっくりしたものになってしまいます。セールスマンであれば、トークの乗りも悪くなってしまうでしょう。

ゆっくりと呼び鈴を押して、お客さんが「はーい」と出てくる。軽く断りを入れられただけで切り返せなくなる。乗りが悪くなっているから、「仕方がない」とすぐにあきらめてしまう。

さらに悪い状態になると、呼び鈴を鳴らして何も返事がなかったら、「ああ、よかった」と思うようになる。人間にはこうした心理があります。自信がないと、「誰も出てこなくてよかった」と安心感を抱いてしまうのです。

では、よいリズムを保てているときはどうでしょうか。呼び鈴をすばやくピンポーンと鳴らし、お客さんが出てくる。さっきと同じように断りを入れられる。先ほどとは違い、乗りよく切り返す。

「ぜひ、資料を渡すだけでもお願いできませんでしょうか？」

「この地区を回る日が決まっているので、ぜひ、ご挨拶だけでもさせてください。ご挨拶だけでけっこうですから」

セールストークが次々と出てくる。

毎日の生活をパターン化し、よいリズムをもって1日を過ごすこと。

これも大きな自信を形成するためには欠かせません。

継続の極意は「願望」に焦点を当てること

継続の極意は「習慣化」です。よいリズムをつくるのは、よい行動を習慣化するためです。習慣化こそが、自信をつけるための最大の秘訣とも言えます。

朝起きて顔を洗う、歯を磨く。人に会ったら挨拶をする。

これらと同じように、自信をつけるために、本書に書かれていることを習慣化してしまえば、何も考えずに自然と小さな達成を積み重ねていけるようになります。

継続の極意は習慣化。習慣化できれば大きな自信がもてる。

ただ、人間の意思は弱い。「なんとか続けよう、続けよう」とがんばっていると、多くの人が途中で挫折してしまうでしょう。

継続しようとすると必ず失敗します。続けることが目的となり、意思の力で自分の行動を制限しようとするからです。

願望は強い。意思は弱い。意思では、こうしたいという快適感情に負けてしまいます。続ける努力をするのではなく「願望」や「夢」にフォーカスすることが大切です。「自分はどうなりたいか」という理想の姿に焦点を当てて、行動してみてください。願望にフォーカスし続けることができれば、人は変われます。

私たち人間は、「自分はこうありたい」という基本的欲求（願望）

を求めて行動しています。だから、その基本的欲求にフォーカスすることで、自分を成功へと導くことができます。

基本的欲求は、強ければ強いほど、明確であれば明確であるほど効果が期待できます。それだけ人は、熱心に、スピーディーに願望に向かって行動するからです。

目標を達成するには、プラスの動機づけをすることも大切です。

あなたが毎日吸うタバコの本数を減らし、最終的には禁煙をめざすとしましょう。そこで、毎日の達成度をタバコの本数で表すことにしました。

①その日に〝吸ったタバコ〟の本数を記録する

②その日に〝吸わなかった〟タバコの本数を記録する

①と②とでは、どちらがタバコの本数を減らせる可能性が高いと思いますか?

答えは②です。

①の場合は、1本吸うごとに「また吸ってしまった」と自責の念に駆られ、マイナスの動機づけがおこなわれます。

②は1本我慢するたびに、「やった、また昨日より1本多く我慢できた。ひょっとして、このまま禁煙できるんじゃないか」と小さな達成感を何度も味わうことができ、それがプラスの動機づけとなります。よって、モチベーションを落とすことなく、長く続けられるのです。

願望や夢にフォーカスし、目標に対してはプラスの動機づけをおこなう。さらに先に紹介した「3日、3週間、3ヵ月能力開発プログラム」を最大限に活かして、よい習慣を身につけましょう。

よいことだけを書き出した成長（勝利）リストをつくる

プラスの動機づけをするための方法として、これまでに自分がやってきたこと、体験してきたことを整理した「成長リスト」を作成するのも有効です。子ども時代から振り返って、自分が成し遂げてきたことを手帳やノートに書き出し、自分の人生の棚卸しをしてみましょう。成長リストに記録するのは、よいこと、プラスの事柄だけです。成功体験、突破体験だけを書くようにしてください。

実際にやってみると、「悪い思い出やできなかったことならいくらでも思いつくのですが、よい思い出となるとちょっと……」という人も多いと思います。「よい思い出だけ」を挙げるのが、意外と難しいことに気づくでしょう。

マイナスの要素ばかり思い浮かぶのは、知らないうちにマイナスの思考に陥っているからです。こうしたマイナスの要素を自分の記憶から完全に取り除くことができたら、あなたの人生は必ず変わります。

以前、わたしは海外の研修へ行ったときに、トレーナーから「これまで体験してきた悪い出来事を書き出しなさい」と指示されたものの、ひとつも挙げられませんでした。

なぜなら、悪いと思った体験はその時々にすべて処理し、記憶から排除する習慣が出来上がってしまっていたからです。

記憶の中の悪いことに遭遇したときはこう思ってください。

「それはもう完了した」

「以前の価値観から生まれた現象は、そのときの自分がつくり出したもの。もう十分に学習ができた。これから先、自分が同じことを繰り返すわけはない。すべて克服した」

このように自分に暗示をかけます。「過去を過去として完了」させれば二度と現れません。それでも過去の失敗や自責の念に囚われてしまうようであれば、過去の解釈ではなく、生き方を変えるしかありません。

生きているのは、今、この瞬間だけです。決して過去の犠牲になってはいけません。自分がコントロールできることとできないことを区分してコントロールできることだけに焦点を当てること。過去の観点を生き方で変えていかないかぎり、人は過去の犠牲者で終わってしまいます。

ただし、成功体験、突破体験は別です。きちんと思い出して書き留めておきましょう。本項の冒頭でお話した「成長リスト」の作成です。

これまでにあなたが成し遂げた成功体験、突破体験は、肯定的な感情を引き出します。記憶が感情をつくり出すからです。あなたの記憶を成功体験でいっぱいにする生き方を実践しましょう。

成功者に学ぶ

うまくいかないときは、原則から外れています。自分1人の世界で思い込んでいても自信はつきません。このようなときは、成功者から学びを得るとよいでしょう。

明日、朝が来ることを誰もが確信しています。なぜなら、自然の摂理だからです。そして、私たちはそれを知っている。体験してきたからです。自信をつけるには、人から言われたことに見通しをもつのではなく、体験し、自分の中の確信を積み上げることが大切です。

自分の知らないこと、まだ体験したことのないことに自信をもって、あるいは将来の見通しをもって取り組むことはとても難しいことです。

それでも「何か」を信じて前へと進まなければ自信は培われません。

子どもを育てたことはないけれども、子どもを産んで育てる。

家を建てたことがないけれども、自分の家を建てて、家族と幸せに暮らす。

会社を経営したことはないけれども、設立して、大きくしようと努力する。

私たちが、これまで経験したことがないことに取り組めるのは、自分の周りに成功している例がいくつもあるからです。うまくいっている人を見れば、体験したことがなくとも、ある程度の見通しをもって取り組めます。

もちろん、これまでに培った大きな自信をよりどころにしている人もいるでしょう。しかし、そのような人たちも、はじめから自信があったわけではありません。先人の教えを学び、真似ることで、成功をつかみ、その結果、大きな自信を獲得したに違いありません。良質なお手本こそが、あなたを成功へと導きます。

あなたの周りにいるうまくいっている人、成功者の姿に目を向けてみましょう。きっと将来の見通しが見えてくるはずです。

成功者に学ぶこと。自分の将来なりたい理想の人物像を心にありありと描いて、可能ならばその人たちと対話できる時間をもち、少しでも近づく努力をする。

モデルになるのは、あなたがこれまでに出会ってきた人たち、あるいは書籍やテレビ、セミナーなどで見知った人たちです。

自分の周りに理想とする人物が見当たらないのであれば、伝記や自伝を読むとよいでしょう。皆、一筋縄ではいかない人生を懸命に生き抜いてきたことがわかるはずです。このとき、できるだけ自分の境遇に近い人の書籍を選ぶことをお薦めします。人は自分の価値観に近い人に惹《ひ》かれる傾向があるからです。

たとえば、経営に関する書籍でも、上場企業の経営者には上場企業の経営者の、二代目社長には二代目社長の、サラリーマン社長にはサラリーマン社長の哲学や価値観があります。

わたしは、パナソニックの創業者である松下幸之助さんの書籍を愛読しています。

そこには「実」がある。経営者として自らが体験してきた「事実」

が書かれています。だから、信頼できる。

逆に評論家が著したものはあまり好きではありません。そこには「実」だけではなく、「虚」も含まれていると考えられるからです。

わたしは多くの先人たちからセールスマンあるいは経営者として生き抜いていくための知恵、考え方、方法論、動機づけなどを学び、自分の価値観として吸収するよう努力してきました。「学び、真似て」、さらに「追い越せ」の精神でやってきました。

うまくいっている人は世の中にたくさんいます。謙虚に学び続ける姿勢が大切です。

脳の中をよい知識、情報でいっぱいにする

良質な情報との出会いが、あなたの人生を根本から変えてしまうことがあります。

よい出会い、書物、アファメーション、セミナー、教材……。

たった1冊の書籍、たった1人の人物、たった1枚のアファメーションCDが、あなたの人生を好転させるかもしれません。

わたしはこれまでに数千冊以上の書籍を読んできました。わたしの人生は、自己開発そのもの。豊かになりたいと強く願い、そのために学習・努力し、結果として願望を実現し続けてこられたのも、良質な

情報や知識との触れ合いを大事にしてきたからです。

人は経験したもの、知覚したもの、理解したものなど、自分の中に何かを吸収してはじめて成長します。空っぽの状態では、何もできません。

逆に言えば、よいものに出会わないかぎり、人は変われません。

つまり、「本物」を知ると自分の中の基準が変わります。上質に触れることで、あなたの中により高い基準や願望が生まれるのです。基準や願望が高まれば、それだけ良質な人生を送れるようになるのは、言うまでもないでしょう。

人生に正解はありません。その時々で自分が正しいと思う生き方を選び、1日1日を精一杯生きるしかありません。

だからこそ、あなたの中の「基準」が重要な鍵を握っています。

先に述べたように、わたしはこれまでに多くの書籍を読み、徹底的に自己開発をしてきました。そのなかでも、とくに自信形成をめざす皆さんにお薦めするのは、ナポレオン・ヒル、ロバート・シュラー、ウイリアム・グラッサー、ブライアン・トレーシーらの著作物です。

人は、インプットとアウトプットを繰り返して成長します。情報を入出力することで、自分で自分の考え（思考）をつくり出しているのです。

よい人生には、よい考えをもてるように良質な情報を入力する必要があります。愛、希望、感謝、真心、思いやり、勇気、向上心などの肯定的なエネルギーに満ちた情報は、あなたをよい方向へ導きます。

逆に、マイナス思考、悪意、自己憐憫《れんびん》、罪悪感、恐怖心といった否定的な情報は、人生をことごとくマイナスの方向（貧しさ、病気、愛の喪失《そうしつ》など）に引きずり込もうとします。しかも、一度マイナスの考えをもってしまうと、次々とマイナスの物事ばかりを引き寄せる。そんな傾向があります。

だからわたしは、よい情報、知識、出会いを積極的に求め、仕入れ、自分にプラスの暗示をかけながら、よい方向へ、よい方向へと自分の人生をもっていこうとしてきました。

もちろん、いまも続けています。

自己啓発は自信形成のための絶対条件です。

生まれつきの成功者など、この世に1人もいません。誰もが皆、良質な情報に触れることによって成功への道を歩みはじめたのです。

人脈の質は心構えで決まる

ハーバード大学の研究に次のようなものがあります。

「人生における成功も失敗も、その約85パーセントはその人自身の心構えの結果であり、そこ（心構え）から生み出される人間関係の質と量には相関関係がある」

これはつまり、

「心構えが前向きでないとよい人脈をつくれない。後ろ向きの人間は、後ろ向きな人脈しかできない。人は温かくて思いやりがあって、チャレンジ精神のある人に惹《ひ》かれる。逆にそこそこ、ほどほどで、まあこのぐらいでいいかという人には魅力を感じない。成功には成功するための心構えが必要で、成功をしている人ほど、人との縁を大切にしている」

このようにわたしは理解しています。

人との出会いに感謝して何かプレゼントを贈る。これは、わたしが、昔から心がけていることです。

加賀電子株式会社で代表取締役会長を務める塚本勲さんにお会いしたときのことです。

塚本会長は高校を1年で中退しているため、学歴はわたしと同じ中卒。しかし、売上2500億円を誇る日本有数のエレクトロニクス関連の総合商社を築いてこられました。塚本会長に「これだけの企業を築き上げた成功の秘訣はなんですか？」と尋ねると、真っ先に「縁を大切にしてきたことです」と話しておられました。

塚本会長は、わたしにとってひとつのロールモデル。今回の出会いを大切にし、成功者としての知恵や行動力など、そのエッセンスを学ばせていただきたいと思っています。もっと直接的に言えば、自分のほうから塚本会長のもとへ押しかけてでも、よい関係を築いていきたいと思っているのです。

尊敬する人に、自分の誠意をどうやって伝えればよいのか。

答えはシンプルです。感謝の気持ちを込めて贈り物をする、手紙や電話でコンタクトを取る、など自分から積極的にアプローチすることです。

すると相手の印象に残る。「こいつはおもしろい人間だな」と思ってもらえれば、ふたたび出会うチャンスに恵まれるでしょう。

自分の会社は規模が小さいから2500億円以上の売上を誇る企業

の会長へアプローチしても縁などできるわけがない。

このような発想はわたしにはありません。

「わたしの会社は、選択理論心理学を広めるという社会性の高い仕事をしている。コンサルティング会社として、きっと何かお役に立てることがあるはずだ」

こうした気概をもって、決して自分を卑下することなく、誰とでも対等に付き合うようにしています。

皆さんも、自分の理想とする人物に会う機会を得たら、その出会いに感謝し、自分からアプローチして、新たな縁をグッと自分のほうへ引き寄せてみましょう。

このときに大事なのは、まず自分の人柄を売り込むことです。人間は生きる磁石。あなたの魅力が周りの人間を引きつける。あなたの考え方、態度、言葉、価値観などが人格をつくり、その人格が信用を生み出し、その信用が質の高い仕事を生み出す。わたしは、これを「引力の法則」と呼んでいます。

強い引力をもつためには、目的・目標をもって日々小さな成功を積み重ねていくことです。つまり自信をつければ引力はどんどん強まっていきます。

次に大事なのは、相手の願望に入り続け、応えていくことです。相手の趣味がわかっているのであれば、趣味に関する情報を提供する。もし困っていることがあれば、その解決に手を貸す、あるいは詳しい人物を紹介する。

何か縁を育みたい人との未来へ積極的に働きかけてみましょう。これも成功の道を開くひとつの秘訣だと思います。

そして最後にもうひとつ。日々の生活では、これがいちばん大事かもしれません。

それは、目的や目標をもった誠実な人との関係を深めるということです。

おとなしい人、自分をうまく表現できない人、テンポのスローな人など、人それぞれ違いはありますが、誠実であれば間違いなく、あなたの人生をプラスに導いてくれます。

「誠実さを補うスキルはない」

誠実であることこそ縁を引き寄せるために最も重要なことなのです。

人生の迷いを断ち切る目的・目標を設定する

人生の迷いを断ち切る最良の方法、それは人生の目的・目標を決めることです。なぜなら、毎朝早起きをして目的・目標を見る。すると、その日1日にやるべきことがセットアップされます。だから、迷うことはありません。

目標とは、自分が望んでいる理想の状態のこと。何をいつまでに実現したいかという未来の出来事です。目的を遂げるために必ず到達しなければならない通過点とも言えます。

そして目的とは、目標の先にある自分のがんばる理由。生きる意味であり、生きがいであり、自分がいちばん大切にしたい理想のイメージです。自分はなんのために生きていくのかという自己の存在理由であり、存在価値です。

がんばる理由は、事業で成功したい、家族を幸せにしたい、親孝行したい、裕福な生活をしたい、いい車に乗りたいなど、たくさんあると思いますが、端的に言えば、「物心ともに豊かになりたい」ということでしょう。

物心ともに豊かになるためには、自信が必要です。自信のない人が、豊かになることは難しい。だからまず自信を形成しなければなりません。これが最大のテーマです。

選択理論心理学では、人には5つの基本的欲求があると述べられています。

①健康………心身ともに健康で生きようとする欲求
②愛と所属……愛し愛される人間関係を築きたいという欲求
③力…………自分の価値を認められたいという欲求

④自由…………精神的、経済的な自由を得たいという欲求
⑤楽しみ………主体的に何かを楽しんでやりたいという欲求

これら5つの基本的欲求が満たされると、人は幸せを感じ、心が安定します。人生の目的・目標を決める際には、それぞれの欲求がうまく満たされるように設定しましょう。

いきなり5つの領域で目的・目標を決めろと言われても、難しいかもしれません。その場合は、次に示す「セルフカウンセリング」からはじめてみてください。

今あなたが何を求め、それを実現するためにやるべきことが明確になります。

□セルフカウンセリング

①わたしは何を求めているのか？　わたしにとっていちばん大切なものは何か？　わたしがほんとうに求めているものは何か？

【狙い：願望を明確にする】

②そのために「今」何をしているのか？

【狙い：時間やお金の使い方をチェックする】

③その行動はわたしの求めているものを手に入れるために効果的かどうか？

【狙い：主観を絶対視せず、客観的な視点で自分の行動を評価する】

④もっとよい方法はないかを考える。あればそれを実行する

【狙い：改善計画とその実践】

目的・目標が定まったら、毎朝それを見て、プランニングをします。計画はすべて手帳に残す。そして毎晩実行の有無を振り返るようにしましょう。願望と行為が一致しているかどうかをチェックし、自信を養っていくのです。

目的・目標を見る回数は、多ければ多いほど効果が期待できます。1年に1回だけ目標を見る人よりも、1ヵ月に1回、1年に計12回目標を見る人のほうが12倍達成率は上がるでしょう。また毎週、1年に52回見る人のほうが、さらに365日、毎日見る人のほうがより高い達成率が期待できます。

毎日、朝昼晩と確認すれば、じつに1000倍にもなります。

目的と目標のいちばんの違いは、「目的はまず変わることはないが、目標は達成するごとに変わる」ということです。

また、目標は達成するまではモチベーションの源泉になるが、達成してしまうとどうでもよくなるという面もあります。だからこそ、人生には目標だけでなく、必ず目的が必要になるのです。

豊かになるための10の発想法

本章の最後に「物心ともに豊かな人生を送るため」の発想法を紹介しましょう。

①ポジティブな気持ちで物事に取り組む

負荷を与えなければ成長はなく、成長のないところに成功はありません。成功は成長の果実。苦しいことも成長の機会と捉え、前向きに取り組んでいきましょう。

②逆境を喜ぶ

あらゆる生き物は逆境のときにこそ成長します。逆境で成長していく発想をもてれば成功します。

③ギブ&ギブン

与えて、与えて、さらに与えて、はじめて自分のところにめぐって来ます。ギブ&テイクではなく、もうひとつ上のギブ&ギブンの精神でいきましょう。いつしか与えたものが自然と自分のところに戻ってくるでしょう。

④他人の力を借りれば不可能はない

自分にはできなくても、ほかの人にはできる。だから不可能はありません。他人の力を借りれば、不可能だったことが可能となります。

⑤正当な代償を払う

求めるものに対して正当な対価を払う。場合によっては代価の先払いをする。リスクを恐れないことです。リスクを取りましょう。

⑥自分が望むことを他人へ提供する黄金律発想

自分がしてほしいと望むことを、ほかの人にしてあげましょう。

人に喜ばれること、役立つことを求めましょう。これが黄金律です。人生においては、直接的な努力ばかりでなく、間接的な努力によって多くのものを手に入れることができます。

⑦原則中心に生き、思い込みで行動しない

自分の思い込みで原則から外れたことをしてもうまくいきません。当たり前のことを当たり前に、誰よりも熱心に取り組むようにしてください。

⑧メンターを活用する

すべて自分だけで決めるのではなく、あなたの周りにいる助言者（メンター）を最大限に活用しましょう。

⑨考える時間をもつ

何も考えずに、ただひたすら努力すればよいというものではありません。考える時間も必要です。あえて立ち止まる時間を大切にしましょう。

⑩その人の背後にある付加価値を見出す

どんな人でもあなたに大きな価値を与えてくれる可能性をもっています。もしあなたがセールスパーソンだとしたら、すべての人に対して、「1億円の見込み客」と考えて接してみましょう。当人との契約が難しくても、その人の背後、あるいは別の縁から将来1億円以上の価値が生み出される可能性があります。

これらは成功するための発想法として、普段からわたしが研修のなかで受講生の方々に伝えているものです。きっと皆さんの自信形成にも役立つでしょう。

IV

THE WAY TO MAINTAIN
SELF-CONFIDENCE IN YOUR LIFE

日常生活で自信をメンテナンスする

絶対に目標の奴隷にはならない

わたしは、物事に徹底的にこだわる人間です。どんなにささいなことでも、それが自分にとって重要だと思えば、絶対にないがしろにはしません。もちろん目標達成にも徹底的にこだわり、必死にがんばります。

しかし、目標にだけ目を向けていると、もっと大事な目的を忘れてしまうことがあります。どんなときも「なんのために」という「目的」は見失わないようにしましょう。目標は、目的を達成するためにあります。絶対に目標の奴隷になってはいけません。毎朝、目的と目標の両方を見ることを習慣にしましょう。

とくに、仕事に打ち込みすぎると家族とのバランスを保てなくなってしまうことがあります。

以前、わたしの講座の受講生（経営者）の方から次のような質問を受けました。

「毎晩、遅くまで働いています。なかなか家族と一緒に過ごす時間をもてません。すれ違いばかりです。自分でも、もっと家庭を顧《かえり》みなければいけないことはわかっています。しかし、どうしても忙しくて時間が取れません。どうしたらよいでしょうか？」

答えは単純です。本人の言うとおり「まず、家庭を顧みること」です。長時間働いても結果が出ていないのは、何か問題があるからでしょう。扱っている商品、仕事の手順、内容、もしくは方法自体がおかしいのかもしれません。いずれにしても一度、客観的に仕事全般を見直す必要があります。

わたしにも、長時間働かざるを得ない経営者の気持ちはよくわかります。実際にこの方と同じような時代もありましたし、いまでも残業で早く家に帰れないこともあります。

だからといって、「家庭を顧みない」ことを正当化してはいけません。必ず家族のために何かできることがあるはずです。

朝早く起きて、子どものためにご飯をつくる。ゴミを捨てる。食器を洗う。洗濯の手伝いをする。月に1日でも、公園で子どもと一緒に遊ぶ時間を取る。

「家庭をもった以上は、その責任を果たすべき」だとわたしは思っています。それが誠実さではないでしょうか。

自分は、社員、取引先、家族、周りの人に支えられ、生かされている。感謝、誠実さ、真心を大切に生きていけば、仕事の忙しさは、自己中心性の現れだと気づくでしょう。

以前、受講生で建設業を営んでいる経営者の方がいらっしゃいました。その方は、建設業だけでなく、老人ホームの事業にも参入して5年間で8店舗まで拡大させました。しかし、働けば働くほど家族との時間はなくなり、夫婦仲は冷めて、とうとう離婚にまで話はおよんでしまったのです。そこで「おれは事業を拡大し、こんなにまで家族のためにがんばってきたのに」と奥さんに怒りをぶちまけました。

すると、「それが何？　わたしがあなたに事業を拡大してほしいってお願いしたことが一度だってある？　わたしは、あなたと一緒にいたかっただけよ。あなたともっと思い出をつくりたかった。もっと心を通わせたかった。あなたは自分のためにがんばったんじゃないの？」そう奥さんに言われてはじめてその方は、「劣等感や父親との確執を原動力に自分はここまでがんばってきた。口では家族のためにと言いながら、本心では周囲を見返してやりたいという気持ちが強かったのです」と涙ながらに語ってくれました。

「がんばっているけれど、何かがおかしい」。こう思ったときは、黄色信号です。「目的」に立ち返ってみましょう。

大切な人のために、毎日必死に努力を重ねながら、いつしか目標に生きてしまっている。

こうした状況をハツカネズミ現象と呼びます。自分で気づかないうちに「カランコロン、カランコロン、カランコロン、カランコロン……」と心臓が壊れるぐらい、ただひたすら車輪の中を走り続けてしまうのです。

目標の奴隷になるとバランスを失います。達成が人生の目的ではありません。なんのために達成するのかが大切です。

もちろん、人生では勝負を賭けなければならない時期があります。わたしも創業当時は、「必ずお金の問題を解決するから信じてほしい」と話しながら、よく仕事帰りの深夜に娘をベビーカーに乗せて妻と2人で散歩をしていました。

逆説的ですが、感謝の心は苦労すればするほど培われます。感謝の心があれば、目的を見失わず、誠実な生き方をするはずです。何事も目的に沿った行動をおこないましょう。

計画にある程度の余裕をもたせることも必要です。いつも予定どおりにうまくいくとはかぎりません。だから、あらかじめ週の半ばや週末に「計画を見直すための時間・調整するための時間」を設けておき、不測の事態に備えましょう。

こうした「見直しタイム」は、精神的な余裕を生み出し、「今日やるべきこと」に集中できるようになります。

あるトップセールスマンは、1週間を「月・火」「水」「木・金」の3つにわけ、前半と後半は営業活動に専念し、中盤の水曜日は一切アポイントメントは入れずに営業結果のまとめや整理、後半の営業戦略の練り直しなどに当てているそうです。

「見直しタイム」を入れることで、仕事にメリハリがつき、毎日新たな気持ちで営業活動に臨めると言います。

目標は、目的のためにあります。ときどきこのことを思い出して、自分の生活を振り返ってみるとよいでしょう。

高すぎる目標は自己イメージを下げる

最初から完璧を求めない。高すぎる目標を設定しない。目標達成をめざす際は、まず、自分がコントロールできる領域から取り組んでみましょう。

100メートルを15秒台でしか走ったことのない人が、いきなり10秒で走ることはできません。登山でも同じです。いきなりエベレストに登ろうとする人はいません。

いまの自分がやり遂げられそうなところを目標に、確実に実行して、まずひとつ成功経験を積む。その経験をもとに少しだけ高い目標を設定し、さらに成功を積み上げる。これが自信形成の鉄則です。

しかし、最初から高すぎる目標を立て、自分でストレスを溜め込んでいる人が数多くいます。本人は気づいていないのかもしれませんが、高すぎる目標が理想の人生と現実に大きなギャップを生み出しているのです。

人は、「理想に近づいている」と思えるときに自己イメージが上がります。しかしギャップを見て、「自分は到底理想のレベルにおよばない。いくら求めても無理」と思ったとき、自己イメージは一気に下がります。他者評価ではなく、自己評価で自信を下げてしまうのです。こうなると理想の人生からどんどん外れていってしまいます。

わたしは、どん底の状態から這い上がって、這い上がって、這い上がって、自己イメージをつくり上げてきた人間です。自分との葛藤の中で、成功パターンをつくって、つくって、つくって、つくって、ようやく自信がもてました。

最初は、小さな目標からスタートして、

「できた！」

「また、できた！」

「ああ、またできた！」

といった具合に、だんだんと目標のレベルを上げていき、小さな自信を大きな自信に変えていったのです。

高い目標を立てて、それに向かってがむしゃらに突き進むことができるのは、成功体験がある人だけです。最初から、そうした人たちを真似しても成果は期待できません。まず成功パターンをつくることに注力する。

そうすれば自信を形成することができます。

完璧主義、完全主義。

これほど愚かなことはないと思っています。人は誰もがミスをします。この世に完璧・完全な人間などいません。わたしも山ほど失敗をしてきました。しかし、その失敗があったおかげでいまの自分がありますそもそも失敗は失敗ではなく、「経験」あるいは「キャリア」です。

だから、もし部下がミスをしたときは精一杯やっていると感謝する。憤慨するのではなく、感謝の心をもつべきでしょう。

人間とは不完全な存在である。

このことに気づいたときにはじめて、人は健全な自己イメージをもつことができます。

多くの人が、「完全でないとダメだ」「完璧でないとダメだ」と間違った思い込みをしています。だから、いつまで経っても自信をもてないのです。

人間は不完全、そういう生き物。完璧・完全はありません。だから、他人にも完璧や完全は求めないし、自分にも求めない。できることしかできない。

こう言ってしまっては、身も蓋もありませんが、これが真実です。人は完璧にはなれません。

完璧・完全主義では、思い込みの中でストレスを溜めてしまいます。不完全だからこそ不完全さを補い合う。助け合う。お互いにできることを精一杯努力する。こうした生き方が心を軽くしてくれます。

「誰かに任せておけばいい」こうした依存心をもってしまうとミスは増大します。かといって、すべてを自分で完璧に成し遂げようとすると、そのことだけで頭の中がいっぱいになり、思うような成果が出ません。だから、結果的に自己イメージが下がってしまう。

１００点満点主義ではなく、上位２割のことに集中して80点を狙い、それで「よし」とする。そんな生き方を心がけましょう。
①社員の採用、育成、教育訓練、②よい商品の仕入れと開発、③営業およびマーケティングの仕組みづくり、④そのほか、総務や経理業務全般のうち２割に集中する。あれもこれもすべてを自分でやることはしません。
そして、残りの８割はほかの人へ委任することにしています。

目標を達成したら自分をほめてあげる

目標を達成したら、自分をほめてあげましょう。自分で自分を承認することは、自信形成においてとても重要です。

セールスマン時代は何かを成し遂げたときに、自分にプレゼントを贈っていました。セールスコンテストで優勝したら、時計を買う、筆記用具を買う……。

勝利に対するご褒美を山ほど自分にプレゼントしてきました。すると、それが事実として自分の記憶につながります。戦利品を見たときに、かつて体験した快感感情が蘇《よみがえ》り、自分にプラスのエネルギーを与えてくれます。

小さな目標を達成したら、「今夜はちょっと贅沢《ぜいたく》してステーキを食べに行こう」とか「部下を誘って飲みに行こう」など、こまめに自分や周りの人にインセンティブを与えるのもよいでしょう。

これまでに自分がやってきた「道のり」を振り返り、成し遂げたことに達成感を味わう。これがあなたの自信につながります。第3章で紹介した「1週間を振り返り、成長の足跡を確認する」や「成長リストを作成する」のもそのためです。

「メダルの色は、銅かもしれませんけれども……、終わってから、なんでもっとがんばれなかったのかと思うレースはしたくなかったし、今回はそう思っていないし……、はじめて自分で自分をほめたいと思います」

アトランタオリンピックの女子マラソンで銅メダルを獲得した有森裕子選手のコメントです。

これはほんとうにいい言葉でした。あの一言は「ほんとうによくやった」と自分で自分を承認できた人だけが言えることです。

人生とはドラマ。自分が信じる一筋の道をひたすら歩いていく。わたしはそんな人生こそ、最高の人生だと思っています。
自分で自分をほめる。
自分で自分に期待する。
自分のよい面だけを考えて、心にプラスのイメージを描く。
これによって、人は最高の人生を送ることができる。わたしはそう信じています。

メンタルダウンしたときは身体を動かす

どうしても気分が乗らない、やる気が出ない。
このようなときには、メンタル（心）ではなく、フィジカル（身体や行動）にフォーカスするとよいでしょう。

メンタルにメンタルよりも、メンタルにはフィジカルです。

やはり人間は身体が資本。フィットネスクラブに行ったり、ジョギングをしたり、散歩をしたり、ストレッチをしたりするなど、身体を動かしましょう。

停滞していた気分が解消され、やる気が戻ってきます。

自分に対して「期待の法則」を使うのもよいでしょう。

自分のやりたいことに多くの時間を割けるよう、うまく仕事の段取りをつけて仕事が終わったあとの楽しみを期待しながら、今、目の前の仕事に集中するのです。

おいしいご飯を食べに行く、仲のいい友人たちと飲みに行く、大好きな映画を見に行くなど、楽しみを計画して、うまくモチベーションを引き出しましょう。

物事がうまく進まず、嫌な気分になってきたときは、早めに気分転換しましょう。

お茶を飲んだり、何かを食べたり、仲間と話をする。場所を変えたり、時間をずらしてみるのも効果があります。

わたしは決して無理はしません。できるだけ自然体でいられるよう、毎日をプランニングしています。無理をすると、結果的にネガティブな要素を引き出すことになるからです。

モチベーションが下がり、自分の力ではどうしようもできなくなります。

このような場合には、アファメーションCDを聞いたり、能力開発の研修に参加するのも効果的です。

それでもダメなときは早めに寝てしまいましょう。

そして次の日に早く起きて、自分の目的・目標に立ち返る。一晩ぐっすり眠ると気分もすっきりして、「今日はがんばろう」という気持ちになります。

限界を知れば ストレスをマネジメントできる

40代のころ、のどに違和感をおぼえて、「ひょっとしてガンではないか」と心配になったことがあります。水をごくっと飲むと、のどに何かがつかえるような気がしたのです。

さいわい検査ではなんの異常も見つかりませんでしたが、医師によると、このようなのどの違和感を「ストレス玉」と呼ぶそうです。ストレス玉のおもな原因は、その名のとおり、無意識のうちに溜め込んでしまったストレス。

わたしの場合は、日ごろのオーバーワークがよくなかったようです。自分の限界を超えて働きすぎてしまうと、しだいにストレスが溜まってきます。それが一定レベルに達すると物事を悪い方向に考えはじめます。ストレスの影響で、思考がマイナスに向いてしまうのです。

この段階まで進むと、明らかに行きすぎです。

「なかなか疲れが取れない」

「ちょっとしたことで気分が落ち込む」

「最近、急激にやせてきた」

心と身体が不調を訴えはじめます。こうした兆候を少しでも感じたら、できるだけ早めに休みを取りましょう。そして次からは、ストレスを溜めすぎないように、ときどき「自分はオーバーワークになっていないかどうか？」と自分に問いかけてみてください。

このまましばらく続けられるか？

それともしっかりと休むべきか？

自分でこうした判断ができるのは、人生の重要な経験値です。限界を経験することなく、限界を知ることはできません。つまり、とことんやった人間だけが自分の限界を知り、次からは限界に達する前にコントロールが効くようになります。

やる前から「これが自分の限界だ」と思い込んでいる人は、いつまで経っても自分の限界を知ることができません。自らの体験をもって「自分の限界」を知ることは、自信を高めるためにも必要なことです。

わたしの会社でも「休みを取ったほうがいいぞ」とこちらがセーブをしなければならないほどやりきっている社員は、必ず伸びています。

限界ギリギリまでやったことがないという人は、一度、とことんやってみて、自分のほんとうの限界を知る。時にはそんなチャレンジも必要でしょう。

やるときは、やる。やらないときは思いきって休む。

限界に挑戦し続ければ、きっと自分の限界が思っていた以上にあったことに気づくでしょう。ただし、無理のしすぎは禁物です。

メンタルダウンを防ぐ気分転換のプランを練る

「適切なタイミングで気分転換を図るのも立派な才能のひとつ」とわたしは考えています。

以前お話したように、なるべく生活をパターン化し、よいリズムで弱い自分を守ることが自信形成には重要です。

しかし、ストレスは、日々を過ごすなかで無意識のうちに少しずつ溜まってきてしまいます。それが限界近くになると、自分で「そろそろ来るぞ」と感じはじめます。その目安期間はだいたい3ヵ月です。溜まっているストレスを解消するには、事前に大きな気分転換を図ることが有効です。

わたしは年間スケジュールを組むときに3ヵ月に一度は家族と海外へ旅行するプランを計画に組み込んでいます。期間は1週間ほど。仕事から完全に離れて、家族と一緒に楽しい時間を過ごすとリフレッシュした自分が戻ってきます。

気分転換を図るときは、人間の基本的欲求のひとつである「楽しみ」にフォーカスしましょう。がんばった自分に「楽しみ」というご褒美をあげるのです。

忙しいからといって仕事ばかりしていると、いつか限界がやってきます。限界を超えてしまうと、元の状態に戻るまでに時間がかかります。その前に対処する必要があるのです。仕事上手は遊び上手。松下幸之助さんも多忙ななかで祇園にたびたび足を運んでいたそうです。どんなに忙しくとも、事前に気分転換の時間をもつ。これこそがメンタルダウンを防ぐ最良の方法です。

「仕事が忙しくて、なかなかリフレッシュの時間が取れない」という人も多いでしょう。そのようなときは、普段から仕事と同じように、遊びの時間をプランニングしてみてください。自分で自分にリフレッシュのためのアポイントメントを入れておくのです。これで確実に気分転換の時間がもてるはずです。

もちろん、事前のプランニングだけではなく、日々のストレスは、できるだけその日のうちに解消することが理想です。

わたしの場合は、息子と遊ぶことがいちばんのストレス解消となっています。仕事を終えて家に戻ると、息子がわたしの帰りを待っています。そこで2人でキャッチボールして遊ぶ。ほんのわずかな時間ですが、ボールを思い切り投げ合う。こうしたひとときが、いまのわたしには至福の時間です。たとえ短い時間でも、誰かと本気で向き合い、相手の望みをかなえてあげることが自分自身の気分転換やストレス解消につながります。

仕事が終わったあとに気の合う仲間とスポーツをしたり、食事へ出かけたりするのもよいでしょう。ストレスを溜めないポイントは、「満たされる人と一緒に時間を過ごす」ことです。気の合う仲間とジョギングをしていて落ち込むことはありません。気の合う友人と楽しい会話をしながら、気分が悪くなることはありません。満たされる人とのひとときは、あなたの心を癒してくれるはずです。

壁にぶつかったら、したいことをする

大きな壁にぶつかって、どうやってもうまくいきそうにない。こうした場面に遭遇することもあるでしょう。スランプとは、したいことが思うようにならない期間です。人はコントロールできないことに直面するとスランプに陥ります。そんなときは思いきって遊び、頭を切り替えてみましょう。大きなミスをしたときも同じです。

たとえば、気分を変えるために気の合う仲間と飲みに行ってたわい

もない話をする。大好きな彼女とデートする。

これらはある意味では現実逃避です。ただし、逃避しているあいだは脳が苦痛ではなく、快感を得るので、明日への「英気」が養われていきます。「きれいごと云々ではなく、俗なことにも解決法はある」とわたしは思っています。


人は自然体で、自分の好きな人と一緒に過ごしたり、仲のいい友人と話をしたり、家族と楽しい時間を過ごしたりすると、充実感をもちます。充実感があれば、もう一度やってみよう、チャレンジしてみようと思えるでしょう。

もつべきものは友と家族。とくに親友は最高のカウンセラーです。あなたの心の痛みを誰よりもわかってくれる人生の宝。あなたが落ち込みそうになったときにサポートしてくれるような友との時間を大切にしましょう。

時には親友にも家族にも言えない悩みを抱えることがあるかもしれません。そのようなときに頼りとなるメンター（助言者・指導者）をもつことも重要です。何かあったときに相談できる人物が身近にいることはすごく幸運です。

もし、あなたの周りにそうした人がいないのなら1日も早く、そうした人たちとめぐり合える生き方をするべきです。

よきメンターと出会うためには、できるだけ多くの人と出会う機会をつくりましょう。興味関心のあるセミナーへ参加してみる。能力開発の講座を受けてみるのもよいでしょう。

人によっては、苦しみの真っ只中に飛び込み、乗り越えていく人もいます。元・福岡ソフトバンクホークス監督の王貞治さんは、このタイプではないでしょうか。どんなときでもバットを振って、自己鍛錬によって、道を切り拓いていく。

一方、読売ジャイアンツ終身名誉監督の長嶋茂雄さんは、その都度、気分を切り替えて、前へ向かっていくタイプに見えます。スランプに陥った際に、自分なりの対処法を見出しておくことが大事です。

もちろん、現実逃避を続けてはいられません。

「わたしの人生は、すべてわたしに責任がある」ここに立ち返りましょう。

自分という人間とは一生付き合っていかなければならないのですから、一時的に苦しみから逃れても逃げ続けるわけにはいきません。自分の軸に立ち返れるように、普段から目的・目標に生きることを心がけましょう。

「なぜ、できないのか?」ではなく、「どうすればできるようになるのか?」「コントロールできないことに焦点を当てていないか?」を確認してください。

もし、あなたのめざしているものが、コントロールできないものであれば、目的・目標が現実的であるかを見直す必要があります。目的や目標に誤りがなければ、あなたの真価が試されるときです。苦しい状況に立ち向かっていくのか、それとも逃げ出してしまうのか。勇気を振り絞って取り組んでみてください。人は苦しみの中でこそ成長を遂げます。困難に立ち向かう心構えをこの本で身につけていただきたいのです。

うまくいかなくても失敗ではありません。経験による学習です。学習によって人は成長し、その実感があなたの自信を育みます。

ルールや規律を守り、自信につなげる

壁にぶつかったら、思いきってしたいことに流されるのもよいでしょう。ただし、普段の生活でルーズになりすぎるのは禁物です。自信形成の過程において、やってはいけないことは、何かに対してルーズになることです。

時間にルーズになる。お金にルーズになる。約束にルーズになる。すると、自己イメージが下がり、積み上げてきた自信も低下します。ルーズになると、自分の知らないうちに、「わたしはダメな人間なんだ」というマイナスの暗示にかかってしまうからです。

自信を高めるには「自分は成功者なのだ」と暗示をかけなければいけないのに、「自分は失敗者だ」という逆の自己イメージをもってしまいます。

ルーズな生活をしても、ある時点で気づいて悪習を改めることができればよいのですが、そうでないと自信は下がり続けます。ときどき自分の生活習慣を振り返り、「何かに対してルーズになっていないか」を自問自答しましょう。

自信のレベルは上下します。極端に下がったときは、メンテナンスが必要です。

たとえば失恋をする、失業をするなど、自分の求めていたもの（願望）が突然消えてしまった。災害で家族を失い、生きる意欲を失ってしまった人たちもいます。それまでは経営者として事業で成功していた人が、家族を失った途端におかしくなってしまう。時にはこうした悲しい出来事も起こりえます。

わたし自身も、いまは元気でパワーに満ちあふれていますが、ある日突然、家族がいなくなってしまったら、生きる目的を失い、無気力な人間になってしまうかもしれません。

求めているものが現実の世界で得られるかどうかが心のバロメーターになります。したがって、求めているものが得られないとわかった時点で人の心は明らかに減速してしまいます。

このときにサポートしてくれるのが、友であり、家族であり、心を強くしてくれるメンターたちなのです。

人は1人では生きていけません。やさしくて思いやりのある人たちのサポートがあってはじめて強く生きていけるのです。

周りの人への感謝を忘れず、ルールや規律をしっかり守り、確かな自信を築いていきましょう。

脳内からマイナスの情報を排除する

自分を厳しく律しながらも身近な人のネガティブな言葉に気をつけましょう。

意識してポジティブな思考をもとうとしていても、周りからネガティブなことばかり言われると、いつしか思考がマイナスへと向かいはじめます。本人が気づかないうちに、「自分にはできない」「自分はダメな人間だ」といったマイナスの暗示がかかってしまうのです。暗示にかかると、自己イメージは下がり、本来の能力を発揮できなくなります。

よい人、よい物に出会うことであなたの人生はプラス向きに変わります。マイナスの言葉、マイナス思考はその逆です。しかも、マイナスはマイナスなものばかりを引き寄せる傾向があります。

わたしはネガティブなことが大嫌いです。昔からネガティブな発言をする人をできるだけ避けてきました。

事業について話し合いをするとき、「どうしたらこの会社がよくなるのか」という議論はとても有益だと思います。しかし、「なぜ、うちの会社はダメなのか」をいくら話し合っても仕方がありません。経営者の能力が足りないといった答えが出るくらいでしょう。

国のせいにしたり、政治のせいにしたり、会社のせいにしたり、とにかくすべてが人の悪口。「こんな日本に誰がした！」なんて言う人もいますが、「あなたも日本国の一員でしょう」と言ってあげたいくらいです。

言い訳や悪口ばかりを言う人に欠けているのは、当事者意識です。

当事者意識があれば、「今、私たちは何ができるのだろうか」「どうすればもっと住みやすくなるのだろうか」といったプラスの発言が出てくるはずです。

ところが現実には、多くの人がマイナスの発言をおこない、不平不満をもって仕事や生活をしています。とても残念なことです。

ネガティブな言葉に触れない最良の方法は、ネガティブな人と付き合わないこと、できるだけ距離を置くことです。あなたの近くに不当な言葉や愚痴ばかり言う人がいたら、「ごめんなさい」と席を立ち、場所を移る。わたしは嫌な雰囲気になってきたら、できるだけ早く、その場から立ち去るようにしています。

距離を置くのが難しい場合は、はっきりと自分の意思を伝えるとよいでしょう。

「すみません。わたしはあなたの言葉に傷ついています。その批判的な表現はやめていただけませんか。お願いします」

もちろん、相手の言っていることが、原則に基づいた正しいことであれば、批判的な内容であってもしっかりと受け止め、反省しましょう。不当な言葉であれば、しっかりと拒絶の意思を示すことです。

人生におけるいちばんの大損は、ネガティブ思考です。マイナスの思い込みは、成功の道を閉ざします。

わたしは「誰でも無限の可能性をもっている」と信じています。

あなたも自分の可能性を信じて、毎日を精一杯、前向きに過ごしていきましょう。

自分の居場所、帰る場所を見つけよう

「なんでわたしの言うことをわかってくれないのだろう」

1人の経営者として、社員とのコミュニケーションギャップに悩むこともあります。その日も人事に関する合意が得られず、1人頭を悩ませていました。

ところがどうでしょう。

翌日、福岡で開催された『頂点への道』講座の初日。舞台に立った瞬間、わたしは思いました。

「自分には『頂点への道』があるじゃないか」

マイクをつけて壇上に立ち、多くの受講生を前にした瞬間に、わたしは経営者から研修トレーナーへと早変わりしていました。どんな悩みも関係なくなります。

「わたしにはこの講座がある。これまで25年間、ずっとやり続けているじゃないか。この講座こそ、自分の舞台であり、居場所であり、帰る場所ではないか」

わたしの好きなロックミュージシャンの矢沢永吉さんも歌い出したらロックンロール、悩みも心配ごとも関係ないのではないでしょうか。矢沢さんはオーストラリアで詐欺事件に遭うなど、数々の困難に見舞われてきたようですが、いまも歌い続けています。

本書で紹介した星野リゾートの星野佳路さん、加賀電子の塚本勲さん。名経営者と話をしていると、「うわ、すごい」「視点が違う」「自分がやっていたとしても、そうは思えないだろうな」といつも感心させられます。

そうした一方で、自分の居場所をもっていれば自信を失うことはありません。「わたしには『頂点への道』講座がある。トレーナーこそわたしの使命。この講座にこそ自分の世界がある」と思うことができます。

水泳の得意な人が水に入ったら誰にも負けないように、わたしは元々、対面営業が得意。そこからいまは研修トレーニングも得意になりました。

いまでもセールスには絶対の自信があります。人によっては「異常な思い込み」と思うかもしれませんが、セールスで結果を出した経験は確かなものとしてわたしの中に存在しているのです。

弊社には、対面営業のトップセールスたちが全国から学びに来ています。しかもその8割以上が口コミです。逆に言えば、それぐらいの自信がないと各業界のトップセールスマンたちを教育することはできません。

人には、それぞれ活かされる場所があります。わたしの場合は、たまたまそれがセールスマンであり、研修トレーナーでした。

とことん一流の仕事をしたい。講習費以上の成果を持ち帰ってもらいたい。お客様に喜んでいただきたい。このように思い、必死に続けてきただけなのです。

お客様を幸せにしたい。

社員を幸せにしたい。

家族や友人を幸せにしたい。

こうした思いがあったからこそ、自分の居場所をもつことができたのでしょう。

「ひとつの研修プログラムを開発して、ひとつのプログラムに命を注いで、30年やり続けたら自分らしいな」。わたしはこうしたイメージをもって、いまも1人の研修トレーナーとして舞台に立ち続けています。

あなたも自分の願望に合った目的・目標を見つけ、誠実に、必死に、真剣に、本気で、当たり前のことをただ当たり前に、特別に熱心に、しかも徹底的にやり続けてください。大きな自信が得られると同時に「自分の居場所」が見つかるでしょう。「自分の居場所」や「帰るべき場所」では、決して自信は失われません。

「一生折れない自信」をもつということは、「自分の居場所」や「帰るべき場所」を見つけることと同じなのです。

EPILOGUE

Everyone can be "better"

人は誰でもよくなれる

理想の人生を思い描く力を発揮する

多くの人が変われないと思っています。それは、変われないのではなく、変わるための苦痛よりも変わらないことで得られる快感を選んでいるからです。

変化はある意味では苦痛です。保証がありません。

「ただ、人は誰でもよくなりたいと思っているし、実際によくなれる」わたしはいつもそう思っています。その思いは信仰に近いほど強固なものです。人は誰でも、必ず、すばらしい人生を歩むことができる。よくなるためには、「よくなりたい」と心の底から強く望むこと。理想の人生を自分の心の中にしっかりと鮮明に思い描くことです。

思い描く力、それは人間に与えられた最大の財産です。そして、その価値に気づくことによって、よい人生がはじまります。

思い描く力を何に使うか。悪いことに使えば悪い人生になり、よいことに使えばよい人生になります。原因と結果の法則です。思い描く力をよい方向へ使うには学ぶ必要があります。これが人生を大きく左右します。

成功とは何かを自分で定義する

よい方向へ進むためには、目的地を決めておかねばなりません。

つまり、「自分にとって成功とは何か」を定義することが大切です。これまでに何度か述べたように、わたしの考える成功とは、「物心ともに豊かな人生を実現する」ことです。

成功とは成長の果実。

成長があってはじめて、人は自信や成功を獲得できます。

では、成長とはなんでしょうか。「価値観の肯定的変化」です。一言で言うならば「感謝」でしょう。

人はそれぞれ、さまざまな価値観をもって生きていますが、わたしは成長するにしたがい、「愛」「誠実」「感謝」の大切さを知り、どんなときでも、これらに反しない生き方を求めるようになりました。

人は、めざすなかで自らの成長を認め、その果実である「大きな自信」や「大きな成功」を手に入れられるのです。

成長なくして、成功はありません。

自信なくして、成功はありません。

「小さな成功を積み上げて、大きな自信をつくり上げる」のです。小さな積み上げは、保証のない変化の中でも、将来の大きな成功を約束してくれます。

自分のことはすべて自分で責任をもつ。決して社会や環境、周りの人のせいにはしない。変化を恐れず、当事者意識を強くもつことが、自信形成の第一歩です。

あきらめない人生に終わりはない

自信を形成する過程で、理想と現実のギャップに打ち砕かれそうになることもあるでしょう。そのときは大きな砂山を想像してみてください。

砂山の頂点をいまよりももっと高くしたいのなら、思いきり底辺を広げなければなりません。砂山の底辺、それはあなたが失敗を重ねた数です。

失敗した分だけ、経験を積んだ分だけ、大きな砂山をつくることができます。

多くの失敗を乗り越えた分だけ強くなれます。大事なのは勝つことではなく、強くなることです。強くなるためにはチャレンジ。挑戦し続けるしかありません。

人生、ネバーギブアップ。ノックダウンされても、ノックアウトはされない。這い上がって、立ち上がる。理想をめざしながら努力を重ねる。

またこける。這い上がる。決して、決して、ギブアップはしない。あきらめない。そういうあなたの姿勢を見て、周りの人が信じてついてきてくれる。これが組織の力になっていく。

また倒れる。立ち上がる。また倒れる。また立ち上がる。結局、ネバーギブアップ。

人生とは、この繰り返しです。あきらめない人生に終わりはありません。

たった一度の人生。二度ない人生。とにかくやり抜くことです。山登りと同じ。自分の足で登るから、頂上に立った感動を味わうことができます。

多くの先人たちが、私たちに多くの模範を示してくれています。彼らから、よい知恵、よい習慣、よい考え方などを、学び、真似て、ひとつずつ自分の力で乗り越えていく。

最後まであきらめなかった人だけが、一生折れない大きな自信を手に入れ、物心ともに豊かな人生を送ることができます。

自信は信念へと昇華する

小さな達成をコツコツと積み上げてつくり上げた大きな自信は、やがて信念へと昇華していきます。

信念とは、自分自身に対する確かな思い。あなたの人生を成功へと導く灯台のようなものです。

わたしはできる。

わたしは必ずやる。

わたしには成し遂げる力がある。
信念という漢字は、「人の言う、今の心」と書きます。「できる」という信念をもつことができれば、「一生折れない自信」を手に入れたと言えるでしょう。そのためにも、今、自分のできることを確実に実行して、達成していきましょう。

ここまで読み進めていただいたあなたは、すでにはじめの1歩を踏み出すことができました。自分の意思でこの本を選び、最後まで読み通すことができたからです。

今、あなたはこのページの1字1句をしっかりと読んでいます。
その事実が、将来、あなたの自信に変わるのです。
なぜなら、いまできることに集中すること以外、人生をコントロールすることはできないからです。

小さな1歩ではありますが、この1歩を毎日少しずつ踏み出し続けましょう。

1日1日を精一杯、自分なりに納得する生き方をまっとうすれば、必ず「一生折れない自信」が手に入ります。

NEW EPISODE

YOU TAKE THE HELM OF YOUR LIFE

［文庫版新章］

人生の舵を取るのはあなた自身

誰でも強くなれる方法

あなたは何によって憶えられたいですか？

ドラッカーが13歳のときにフリーグラー牧師から問いかけられた言葉です。わたしはこの質問が大好きです。

牧師は続けてこう諭したと言います。

「今みんなはすぐに答えられないかもしれないけれど、50歳になってもこの質問に答えられなければ、自分の人生を無駄に過ごしたことになるのですよ」

これは、私たちの生き方を考える際に、とても奥深く本質を突いた話だと思います。

実社会で成果を出すとは、資質の問題ではなく、「心がけ」と「修練」の問題だということです。

わたしは学歴もスキルもお金も協力者もいない状況でした。しかし、それを理由にした瞬間に、できないことを正当化する生き方を選ぶことになります。

何が正解なのか？
どう生きればいいのか？

このように人生に正しさを求めると、自信を失います。

わたしが考えていることは2つだけです。

・いまの自分の行動は目標達成に役立っているか
・この選択は理想とする人生に近づくのか、遠のくのか

シンプルに考えています。ただ、自分の人生さえよくなればいいかというと、そうではありません。優先すべきは、自分にとって損か得かよりも、自分自身の良心に正直かどうかです。

損得で生きることをやめた瞬間に人は強くなります。目的のために生きるのでブレなくなります。

自分の中に生きる目的がありますか？
志に向かって、最善を尽くしていますか？

自信をつけたければ、芯をもってください。ドラッカーは、とにかく「自分に求められている成果は何か？」と自問自答することが大切だと言います。そして成果を出すためには「真摯さ」が最も重要な要素であると断言しています。

あなたの職業はなんですか？

60歳のときにこう問われて、はっきり答えられるような生き方をめざすことで、人生は切り拓かれていくと思っています。
いまはまだ答えが見つからないかもしれません。日々年齢を重ねていくごとに、明確になっていけばいいのです。

あなたの考え方はあなたが選んでいる

強くなるためには、心構えが大切であると述べました。その心構えをどうやって保つのか？　５つの基本的欲求が満たされる毎日を過ごしましょう。

欲求を満たすときには、実際の状況よりも心の様相のほうが重要です。たとえばマラソン選手は厳しいトレーニングを受けます。毎日何十キロメートルも走っても、主体的にトレーニングに臨めるのは、苦しさの先に目標があるからです。

ネガティブな情報、見方は世の中にあふれています。無目的無目標の生き方をしていると、こうした情報に巻き込まれて、無意識のうちにマイナスの観点に陥りやすくなります。

自分の生い立ちに縛られて苦しんでいる人もいます。生まれながらのものは選べません。しかし、生い立ちがよくないことで自信がもてないという人は、環境を理由にすることで自分を守っているということに気づくべきです。

失敗したくないので、マイナスの考え方を選ぶのです。やらなくてもいい理由をつねに見つけようとしています。

先天性四肢欠損のカイル・メイナードさん。健常者のなかでレスリングをおこない、優秀な成績を収めました。驚くべきことに5895メートルのキリマンジャロ登頂や総合格闘家としてもデビューを果たしています。座右の銘は「No Excuse（言い訳しない）」。どんな境遇でも自信をもっている人はいます。

いまの考え方も自分自身が選んでいるのだということを認めるところから自信形成がはじまります。

マイナス思考だとしても、その考え方をすることで、あなたは何を得ていますか？

過去に縛られてうまくいっていなければ、過去に問題があるのではなく、今の欲求の満たし方が上手ではないのかもしれません。人は今を生きている存在です。未来を変えたければ、現在の欲求の満たし方、人との関わり合い方、自分の心のもち方を工夫するしかありません。

自分はとてもエゴイスティックな人間で、昔は人を傷つけたこともあった。いまはまともになろうと努力しているけれど、根っこのところでは自分はダメな人間だと思っている……。

こんなふうに自分を卑下して、自信がもてない人もいます。過去の出来事はその時点で最善と思ったことで、それほど重要ではありません。今いい状態を生きていれば、それが人生です。

人生は人との関わりのなかにあるので、相手の欲求を妨げるような振る舞いをしてきたのは生き方がうまくなかっただけです。

力の欲求を満たせず欲求不満になることがあるかもしれないけれど、

自分の欲求を優先して相手の欲求充足を妨げる権利は誰にもありません。自然体で満たせるように最初は努力が必要です。

自分のエゴを出して、失うものと自分を満たすもの、どちらが大きいかを考えるようにするのも、自分をコントロールするために有効な方法です。エゴを出せば失うものが大きいとわかったときに、考えを改めようと思えます。

この世界のどこにもパラダイスはありません。誰もがある程度、自分を律しながら生きています。

賢明に生きる人とは自分を律することができている人です。

あなたはどんな人間になりたいですか？

その答えはあなた自身が選んでいます。

働く人が育むべき4つの自信

159ページで1日の自信を保つために、4つの自信（会社、職業、商品、自分）を保つ大切さを述べました。

それぞれをどう考えるべきなのか、一つひとつ見ていきたいと思います。

会社に対する自信

都心の一等地にオフィスを構えているから立派な会社、ネットで批判されているから（匿名の書き込みであっても）悪い会社。

上場しているから立派な会社。でもサントリーや竹中工務店クラスになれば非上場でも特別だと言われる。

おもしろいですね。私たちはイメージですべてを解釈しているのです。実際に、勤めている人たちに聞いてもよい会社なのか、悪い会社なのかは人それぞれ違っています。

もしその会社がなくなってしまえば、社会に損失をもたらす。社会に必要な事業を営んでいるのであれば、よい会社悪い会社というのはそれを見る人の解釈でしかないのです。

大事なことは有名でブランド力のある会社に勤めているかどうかよりも、目の前のお客様が満足しているかどうかです。

会社に対しての自信はどうしたらもてるのか?

まずひとつは会社がどういう構成になっているのかを考えるのがいいでしょう。要素は大きく2つに分けられます。

・経済的側面
・精神的側面

経済的な側面とは、売上、利益、社員数、給与、福利厚生といった事実です。

精神的な側面とはなんでしょう?

まずは会社の代表者に対しての信頼。とくに中小企業はこれが大きいです。

2つ目は上司や仲間との人間関係。その会社が好きかというのは、人間関係に左右されます。

3つ目は業種、職種、仕事の内容です。自分の才能を活かせる仕事に携わっているという実感によって自分の成長と会社の発展が重なり、5年後、10年後にどんなキャリアを積めるのかという、将来の見通しになります。

4つ目は、社会性です。社会的に価値ある企業、価値ある仕事をしていると思えると、精神的な満足度が上がります。

最後が仕事のやりがい、生きがいです。一般的に働きがいは真っ先に考えられる要素です。しかし、本人が主体性をもっており、自己実現の意識が高ければ、どんな職場であっても、どんな仕事であってもやりがいはもてるものです。

会社に対する自信にいちばん影響するのは、やはり会社は人で構成されているので、そこで働く人たちとの相性です。たんに気が合うというものではなく、働きをしっかり評価してもらえる、平等であるといったことも当てはまります。

会社に対する信頼感は（経営者を含む）誰と一緒に働くのか、次にどんな仕事をしているのか、そして、その仕事が自分のキャリア形成につながっているか。この順番で醸成されます。

会社の自信を考えると、業界最大手であるとか、ポジションに注目する人がたくさんいます。しかし、分解してみると、会社に対する自信は心理的側面が大きいのです。

どんな会社であろうと、自分がこの会社をよくしていくんだという立ち位置で、主体性をもった働き方をすれば自信がもてます。そのためにも会社の歴史、創業者の考え方、理念、ビジョン、方向性、業界で果たしている役割、働く人が前向きかどうか、長い取引をしているお客様の声。こういったことをよく知るべきでしょう。

職業に対する自信

仕事は人生のなかで圧倒的な時間を要します。もし職業に対して自信がもてなければ、おそらく人生そのものに生きがいがなくなる、自分の存在理由が揺らぐほどになりかねません。

わたしの仕事をセミナー屋と見る人もいるでしょう。では教師は？　大学教授は？　アナウンサーは？　歌手は？

言葉を使って、人を幸せにする仕事はたくさんあります。わたしは受講生5名で研修をスタートしたときから、自分が納得できる仕事をしよう、目の前のお客様にできるかぎりの価値を提供しようと考えて職業観を育んでいきました。

職業に貴賤《きせん》はない。これを前提に考えましょう。

あるホテルでスタッフの方を「カラス」と言った人がいました。教養がないので、その仕事しかできないと言うのです。

でも言った本人はそのスタッフの方からサービスを受けています。こうした他人のエゴイズムは気にする必要がないし、自分自身もエゴを出さないように生きていけばいいのです。職業が違うのは才能が違うだけです。

もちろん、悪徳業者のような社会的に見てよくない仕事であれば、すぐにやめなければいけません。

でも、たとえば車のセールスをしていて自分の売った車でお客様が事故を起こしてしまったら、「この仕事は人を傷つけてしまう」と自信を失ってしまうのは論理の飛躍です。反対にそのマイナス思考を改善するべきでしょう。

現実とは人が五感を通して知覚した世界であり、一人ひとりの捉え方は異なっています。つまり、現実は千差万別でまったく同一のものは存在しないのです。

不当なことをしていないかぎりは、その商品によって人々の生活を成り立たせ、その商品によって世の中をよくしていく仕事に携わっています。成果を出して生き生きと働いている人たちから話を聞きましょう。業界のピークパフォーマーに仕事の価値について尋ねましょう。その仕事がどういう歴史から生まれているのか、背景や社会貢献度を世界的な活動実績として確認しましょう。

あなたのいるフィールドは社会貢献の場です。同時にあなたという人間の付加価値を示す場でもあります。

ノルマで働くのではなく、小さな達成を積み上げていくことで、大きな成功をつくりあげていく自己実現だと考えてみましょう。

プロは自分自身の能力を発揮する自己実現の舞台として働きます。プロフェッショナルとアマチュアの違いは時間ではなく作品、プロジェクト単位で仕事をしていることです。成果を出さなければ自信はつきません。

仕事は人生の基盤にあるものです。何をしているかよりも、自分を鍛える場として仕事を捉えれば、どんな職業であっても誇りをもてるのです。

商品に対する自信

商品とは、お客様の問題解決、またはお客様の求めるイメージ・願望を実現できる機能や仕組み、アイデアを形にしたものおよびサービスです。

その商品が仮に1万円のものならば、1万円以上の付加価値を生み出せる見通し。それが商品に対する自信となります。

大手が扱っているから、誰もが知っているから、有名人が愛用しているからよい商品だというのはイメージでしかありません。

もし絵が大好きな人がいたら、1000万円の絵画を売ることに疑いはなくなります。でも、絵にまったく興味のない人なら「自分がこの絵に1000万円払うならマンションの1室を買うだろうな……」などと考えてお客様に売れなくなります。

商品に対する自信は、その商品力（商品そのものの機能・効能）と、本人の商品に対する捉え方という2つの側面があります。

「自分の問題を解決したい」「人を喜ばせたい」「ストレスを発散したい」「楽しい思いをしたい」「快感を得たい」「苦痛から解放されたい」。ほかにもたくさん、人が商品を購入する理由は考えられます。問題解決という切り口で考えると、お客様はなんらかのイメージを実現したくてものを買うわけです。

お客様が得られるものを理解する力がなければ、商品に対する自信はもてません。

ですから、販売する市場を間違ってはいけないのです。誰のために、なんのために、なぜこの商品はつくられたのか。商品の開発コンセプトを改めて学び直しましょう。

そして、具体的にその商品を使って効果を確認するのです。すると、その商品の機能やなぜ競合他社と比較して、この価格なのかがわかってきます。たとえば、エアコンにしても空気洗浄機能や加湿機能を加えるのは、他社商品との違いを出すためで、その機能を求めているお客様の購買動機になります。他社との違いを確認することで商品に対する自信がつきます。

値付けには必ず根拠があります。競合商品など、さまざまな要素のバランスで商品価格は決まります。不当な利益を得る商品は長続きしません。

また満足したお客様の声を聞きましょう。アンケートや感謝の声といった事実情報は思い込みではありません。

もし自社商品の性能が市場でいちばん劣っていたらどうするのか？アフターサービスやメンテナンスといった商品以外の利点に目を向けて違いを出しましょう。

自分に対する自信

自分に自信をもつためには、仕事で自信をつけることがいちばんの近道だと思います。

好きなことを好きなときに好きなだけできればいい仕事です。みんなにうらやましがられるから、いい仕事ではありません。

たとえば、仕事が好きでたまらなくて、もっと働きたいのに17時には全員帰れと言われる。働きたい人にとってはいい会社にはならないでしょう。

わたしは一度たりとも働けと言われて働いたことはありません。しかし、誰よりも早く出社して長く働いていました。アスリートが休みなく練習するように、目の前の与えられたことを全力でやっていく、お客様に尽くす。そう考えたら時間の問題ではなく、多くの人の力になろうとする働き方になります。

もちろん短時間で成果を出すことが理想です。ただ社会に役立つことをする、会社の幹部になって組織を引っ張る、高い志をもって自分を尊重して生きてもらいたいと思います。

目標に向かってベストを尽くすから、結果が出る。報われることで

「ああ、やっぱりいい仕事だな」と実感する。

はじめの1歩目は言葉の管理です。わたしは夏でも「暑い暑い」と言いません。「今日はけっこう暖かいね」と。同じ言葉を使うなら、「暖かい」のほうが気分がよくなります。

このように苦痛感情をどうしたらコントロールできるかを考えて、いまではすべてが感謝に切り替わるようになりました。

急な仕事やストレスがかかるようなことも、まるで遠隔装置のように、言語管理（肯定的な口癖）によって感情が変わり、最後は行動管理にまでつながっています。

どうしたら苦痛感情を乗り越えて気分よく生きていけるのかを考えた結果、言葉と態度を選ぶようになりました。自分が明るく振る舞うことによって、明るく生きていけるのです。

もっと言えば、折れない自信をもつためには、生活習慣を変えなければいけません。怠惰よりは勤勉、ルーズよりは自分のために決めたことを終わらせる。よりよく生きようと努力する自己実現の手段として仕事を捉えるから、仕事に対する感謝が生まれてきます。

小人閑居して不善をなす。早く帰ってやることがないから浪費をする。借金まで抱える人もたくさんいます。

20代、30代はひとつでも自分の得意なものをもって極める。これはあいつの右に出る者はいないというくらい何かに秀でる生き方にチャレンジしてほしいと思います。

なぜなら打ち込んだら自分のことが好きになるからです。ここまでやっている自分は健気だな、そう誇れるなら横にはほんとうに働いてきたという事実があります。

こんな条件が整ったら自信ができるなんていうものはありません。自信は環境や人につけてもらうものではなく、自分で育むものだからです。仕事を単なる生活の糧ではなく、自分の存在価値を証明できる舞台として、成功体験を積み上げてください。

新しい自分に出会うために

すでに何かで突き抜けた経験がある人もいるでしょう。

しかし、好きなことをして経済的な自由が得られるとはかぎりません。好きなことでお金を稼げる人はごく一握りです。

人生で何をめざすのか、一人ひとり異なります。それぞれ違う才能を活かしきることが尊い生き方ではないでしょうか。

好きなことができていれば、それだけでもすばらしいことです。でも、もし収入を上げたいと思っているのなら、稼げることを優先したほうがいいでしょう。役割を果たす生き方を好きになることもあります。役割をまっとうすることが自分にとって納得感のある生き方になるのです。

わたしも最初はセールスが好きではありませんでした。やりたくなかった、面倒くさかった、大変だった。しかし、それをやり遂げるなかで、自分の可能性が拡張しました。お客様が喜んでくださいました。そうした経験を積み重ねて、自分にとってこの仕事は天職なんだという確信が生まれ、好きになりました。

また、よい仲間と働くことは大切です。認め合える、いい意味で負けたくないと思える刺激のある職場は貴重な財産です。

ある人を見て「こういう先輩にはなりたくない」「上司はこのレベルなのか」と、やる気を失ってしまう人もいます。その人は、そういう人たちと同類なのです。

ほんとうに志が高ければ、人の振りを見てわが振りを直します。もっと高いモデルをイメージして、そこに近づいていけばいいだけです。

周りの影響で見通しを失うのは賢明ではありません。人はできている人からよりもできていない人から影響を受けることが多い。不平不満の多い人と付き合うと自分もそうなってしまう可能性は往々にしてあります。それはじつは自己正当化、言い訳です。

言い訳と自信は同居できません。自信とは主体性をもって結果責任をとれる人が確立していくもの。言い訳の世界にいるあいだは自信が育たないのです。

「自信がありますか？」と聞かれて「自信があります！」と答えられる人がいます。なぜ言いきれるのかというと、自分にはやればできるという暗示がかかっているからです。そういう人は、今を最善で生きています。

ただ完璧主義には陥らないでください。いま自信があると言えない人は、もしかしたら、高すぎる知覚で物事を見ているのかもしれません。たとえば自分よりもうまくできている人の前だと緊張してしまう。不安になる。これは自意識からくる恐れが原因です。行動を抑止します。

人間はどうしても理想と現実のギャップで苦しむ生き物です。理想になれない自分はダメなんだと思い込んでしまいます。それはまだ山の中腹、努力の過程です。

比較をしなくなったら、自信をもっている人に話を聞きましょう。なぜこの会社に自信があるのか、この仕事に自信があるのか、この商品に自信があるのか、自分に自信があるのか。

その仲間が身近にいなければ書物でもいいでしょう。研修でもいいでしょう。

あなたの選ぶ情報があなたの考え方になり、あなた自身になります。「うちの会社はダメだ」「私たちは育ちがよくないから」。自信のない人ばかりの環境でも、あなたまでそう考えていて幸せになれるでしょうか？
この世の中に正解などどこにもありません。そう言った他人の言葉を受け止めた解釈は、じつはあなた自身の中にある言葉なのです。どんな言葉であっても、どう解釈するか、どんな受け止め方を選ぶのかはあなたの責任です。自信をつけたければ自信がある人の考え方、言葉の使い方、時間の使い方を取り入れましょう。

ここまで述べてきてわかったと思います。人は皆、自分の解釈、イメージの世界に生きています。そして、多くの人は過去に囚われたままなのです。

「人間は確かに過去の産物ではあるが、自らが選択しないかぎり決して過去の犠牲者にはなることはない」

グラッサー博士の言葉にあるとおり、過去はすべて過ぎ去った事実です。自分を苦しめるのが過去の記憶であるということほど無益なものはありません。そうかといって無謀な挑戦も、反対にまだ見ぬ将来に不安をもつことも同様です。

万人にできる賢明な生き方が今日を生きることです。今日だけの目標達成に生きる。それを積み上げれば大きな自信が育ちます。もし今、何もしたくなかったら、何もしなくていいのです。また明日がやってきます。明日になったら「今日こそは全力で生きてみよう」と動いてみましょう。

無理とは理が無いと書きます。必死とは必ず死ぬと書きます。無理や必死にならず、自分に正直に自然体で生きることが不動の自信をつくる秘訣なのです。

おわりに――考え方が変われば人生は変わる

〝良質の情報との出逢い〟は人生を根本から変えるときがあります。

この本との出逢いによってあなたの人生がいまよりもさらに自信に満ちあふれ、すばらしいものになっていただければ、これに勝る喜びはありません。

〝人は自分が考えているとおりの人間になる〟

これは、研修トレーナーとして34万人以上の方と交わり、多くの方と接するなかで実感していることです。

わたし自身の人生も自分が考えたとおりのすばらしい人生になりました。23歳で成功哲学に出会い、29歳で聖書と出会い、32歳で選択理論と出会い、人生の質は大きく向上しました。

考え方が変われば人生が変わります。

これは、わたしの体験から確信をもって伝えられるメッセージです。

心から皆さんの幸せを祈っています。

末筆ながら、編集の協力をしてくださった津村匠さんに、この場を借りて感謝を申し上げます。

アチーブメントグループの全社員。わたしのかけがえのない家族、そしていまは亡き父省三、実母良子、そして厳しく育ててくださった北海道の義理の母にも心から感謝しています。

そして最後まで読んでくださったあなたに感謝して筆を置きたいと思います。

2016年2月

青木仁志

青木仁志（あおき・さとし）

1955年3月北海道函館市生まれ。10代からプロセールスの世界に入り、国際教育企業ブリタニカ、国内人財開発コンサルティング企業を経て1987年、32歳でアチーブメント株式会社を設立、代表取締役社長に就任。

自ら講師を務める公開講座『頂点への道』スタンダードコースは講座開講以来25年間で630回開催、新規受講生は31,000名を超え、国内屈指の公開研修となっている。その他、研修講師として会社設立以来延べ34万名以上の研修を担当している。

2010年から3年間、法政大学大学院政策創造研究科客員教授として、講義「経営者論特講」を担当し、法政大学大学院　坂本光司教授が審査委員長を務める「日本でいちばん大切にしたい会社大賞」の審査委員も務めるなど、中小企業経営者教育に力を注いでいる。

著書は15万部のベストセラーとなった「一生折れない自信のつくり方」をはじめ、「松下幸之助に学ぶ希望の哲学」など45冊。うち10点が海外でも翻訳され刊行中。

代表取締役社長を務めるアチーブメント株式会社は今年29期目を迎え、新卒学生が2万名以上エントリーをする人気企業に成長し、2013年2月に日本経済新聞にて掲載された就職希望企業ランキングで総合93位、業種別では情報、広告、レジャー、ソフトウェア、教育などを含む「サービス業・その他」として13位にランクイン。

近年では、80歳でエベレスト登頂を果たした冒険家の三浦雄一郎氏のMIURA EVEREST 2013 Projectスペシャルサポーター、また、全日本F3選手権のパートナーとしての若手ドライバー育成など、目標達成に関わる個人と法人の皆様の支援に携わっている。

その他：アチーブメント株式会社　代表取締役社長
アチーブメント出版株式会社　代表取締役社長
アチーブメントダイニング株式会社　取締役会長
アチーブメントプロデュース株式会社　代表取締役社長
法政大学大学院　政策創造研究科　客員教授（2010年～2013年）
一般財団法人　日本プロスピーカー協会（JPSA）会長兼代表理事
一般財団法人　ウィリアムグラッサー記念財団　理事長
人を大切にする経営学会　常任理事
公益財団法人日本オペラ振興会　理事
一般社団法人　日本ビジネス選択理論能力検定協会　会長
一般社団法人　日本ゴスペル音楽協会　常務理事
特定非営利活動法人日本リアリティセラピー協会　専務理事
医療法人社団友志会恵比寿メディカルビュークリニック　常務理事
社団法人日本ペンクラブ　正会員・国際ペン会員
東京中央ロータリークラブ会員

ブログ：http://www.aokisatoshi.com/diary
フェイスブック：https://www.facebook.com/achievementaoki

この本を読んでいただき、ありがとうございました。
ご質問等がある方は、下記のメールアドレスまで
何なりとお寄せください。
皆さまとの出会いを楽しみにしております。

青木仁志
Email: speaker@achievement.co.jp

アチーブメント出版
公式ツイッター　@achibook
公式フェイスブックページ　http://www.facebook.com/achibook

一生折れない自信のつくり方

2016年（平成28年）2月18日　第1刷発行
2016年（平成28年）6月29日　第5刷発行
著者――――――青木仁志
発行者――――――塚本晴久
アチーブメント出版株式会社
〒141-0031　東京都品川区西五反田2-1-22
プラネットビル5F
TEL 03-5719-5503／FAX 03-5719-5513
http://www.achibook.co.jp
装丁・本文デザイン――轡田昭彦＋坪井朋子
編集協力――――津村匠
印刷・製本――――大日本印刷株式会社

ISBN 978-4-905154-97-6

青木仁志［著］好評既刊

一生折れない自信のつくり方 実践編

ベストセラー「一生折れない自信のつくり方」の重要部を図解化し、さらに実践法を書き込み式ワークで再現！　全国で大反響の著者特別講演会CD付き（60分）！

■1400円（税抜）四六版・並製本・168頁　ISBN978-4-902222-90-6

目標達成の技術

トップアスリートから一流タレント、上場企業経営者まで受講者数25000人超！「個人と組織の目標達成」を支援する21年続く人気講座のエッセンスを凝縮！

■1400円（税抜）四六版・並製本・288頁　ISBN978-4-905154-31-0

一生続ける技術

あなたが続けられないことに悩んでいるとしたら、きっとそれはほんとうにやりたいことに出会えていないからでしょう。本書では心理学を応用した〝やりたいことを見つける方法〟をご紹介していきます。

■1300円（税抜）四六版・並製本・192頁　ISBN978-4-905154-01-3